NOTES SUR
ANDRÉ GIDE
(1913-1951)

ŒUVRES DE ROGER MARTIN DU GARD

nrf

ŒUVRES ROMANESQUES

DEVENIR (1908).
JEAN BAROIS (1913).
CONFIDENCE AFRICAINE (1931).
VIEILLE FRANCE (1933).
LES THIBAULT (1922-1939).

Nouvelle édition en 9 volumes :

  I. Le Cahier gris. Le Pénitencier (*début*).
  II. Le Pénitencier (*fin*). La belle Saison (*début*).
  III. La belle Saison (*fin*). La Consultation. La Sorellina (*début*).
  IV. La Sorellina (*fin*). La Mort du Père.
  V. L'Été 1914 (*début*).
  VI. L'Été 1914 (*suite*).
  VII. L'Été 1914 (*suite*).
  VIII. L'Été 1914 (*fin*). Épilogue (*début*).
  IX. Épilogue (*fin*).

ŒUVRES THÉATRALES

LE TESTAMENT DU PÈRE LELEU, *farce paysanne* (1914).
LA GONFLE, *farce paysanne* (1928).
UN TACITURNE (1932).

AUTRES ÉDITIONS

Collection « A la Gerbe » in-8º :

JEAN BAROIS (2 *vol.*).
LES THIBAULT (4 *vol. parus, 5 vol. à paraître*).

Édition illustrée :

LES THIBAULT (2 *vol. grand in-8º*).
(*Illustrations de Jacques Thevenet*).

ROGER MARTIN DU GARD

NOTES
SUR
ANDRÉ GIDE

1913 - 1951

nrf

GALLIMARD

Il a été tiré de l'édition originale de cet ouvrage trois cent quarante exemplaires, savoir : treize exemplaires sur Japon Impérial, dont dix numérotés de 1 à 10 et trois, hors commerce, marqués de A à C ; trente-cinq exemplaires sur Hollande Van Gelder, dont trente numérotés de 11 à 40 et cinq, hors commerce, marqués de D à H; deux cent soixante-deux exemplaires sur vélin pur fil Lafuma-Navarre, dont deux cent cinquante numérotés de 41 à 290 et douze, hors commerce, marqués de I à T ; et trente exemplaires hors commerce, sur alfax Navarre, réservés à l'auteur et numérotés I à XXX.

EXEMPLAIRE

156

Tous droits de reproduction, de traduction et d'adaptation réservés pour tous les pays, y compris la Russie.
Copyright by Librairie Gallimard, 1951.

Nul n'est identique au total de ses apparences.

PAUL VALÉRY.

Novembre, 1913.

Enfin, j'ai fait la connaissance d'André Gide !

J'ai été invité à venir, dimanche en fin d'après-midi, à la *Nouvelle Revue Française*. Réception mensuelle des collaborateurs et des amis.

Dans la boutique de la rue Madame, je trouve Gaston Gallimard, Jean Schlumberger (l'auteur de l'*Inquiète paternité*), et, autour d'eux, une dizaine de jeunes hommes. Sur le comptoir, entre les registres du comptable et la machine de la dactylo, quelques tasses dépareillées, une assiettée de gâteaux secs. Le secrétaire de la revue, un garçon très jeune, fluet, à la fois gracieux et gauche, sert gentiment le thé, comme dans un patronage ; il s'appelle Jacques Rivière. (Copeau est resté en nom directeur de la revue ; mais, depuis la récente ouverture du Vieux-Colombier, il est totalement accaparé par son théâtre.) Jean Schlumberger, dont j'ai déjà fait la connaissance ailleurs, promène de groupe en groupe une courtoise froideur qui semble l'intimider lui-même, et qu'il s'efforce, avec une touchante bonne volonté, de rendre bon-enfant et souriante... Mon *Jean Barois* vient de paraître. On m'entoure avec une curiosité qui me gêne autant qu'elle me flatte. Chacun m'affirme que mon livre est remarquable ; mais j'ai vite l'impression que personne, — pas même Gaston, peut-être ? — ne l'a lu, vraiment lu, d'un bout à l'autre.

Au centre de la seconde pièce, un Barbe-bleue hilare s'agite comme un démon, et mène grand tapage. C'est Henri Ghéon : deux yeux qui flambent dans une face épanouie ; une barbe carrée, sombre, courte et drue ; les pommettes rubicondes ; un crâne luisant. Il darde sur moi son regard tendre, cruel et jovial. Il m'accable d'éloges excessifs. En parlant, il gesticule, postillonne, et pousse à tous propos des hennissements stridents : on le sent perpétuellement ivre d'exister.

Je passe en d'autres mains. Voici Paul Fargue, qui me coince dans une embrasure. Un visage rendu parfaitement ovoïde par la hauteur bombée d'un front dégarni et la pointe de la barbe. Des yeux en amande, des paupières plissées sur un regard câlin, à la fois observateur et absent. Curieux mélange de sensualité frémissante et d'impassibilité orientale. Entre ses lèvres finement pincées, une cigarette est plantée droit, au centre de la bouche, qu'il entr'ouvre à peine pour parler. La voix est douce, enjôleuse. Il s'écoute, semble dicter un texte et le déguster au passage, en connaisseur. Il prétend avoir dévoré *Barois* en une nuit : complaisamment, il se décrit, fumant, couché, appuyé sur un coude, dans le cercle intime de la lampe, et il paraît associer en un même souvenir voluptueux la douceur de l'éclairage rose, la tiédeur du lit, le silence nocturne, la griserie du tabac, et l'intérêt de la lecture.

La porte s'entr'ouvre. Un homme se glisse dans la boutique, à la façon d'un clochard qui vient se chauffer à l'église. Le bord d'un chapeau cabossé cache les yeux ; un vaste manteau-cloche lui pend des épaules. Il fait songer à un vieil acteur famélique, sans emploi ; à ces épaves de la bohème qui échouent, un soir de dèche, à l'Asile de nuit ; ou bien, à ces habitués de la Bibliothèque nationale, à ces copistes professionnels, au linge douteux, qui somnolent à midi sur leur in-folio après avoir déjeuné d'un croissant. Un défroqué, peut-être ? Un défroqué, à mauvaise conscience ? Gautier accusait Renan d'avoir gardé cet « air prêtreux »... Mais tous s'approchent, c'est quelqu'un de la maison. Il s'est débarrassé de son manteau, de son chapeau ; son complet de voyage, avachi, ne paraît pas d'aplomb sur son corps dégingandé ; un cou de vieil oiseau s'échappe de son faux col fripé, qui bâille ; le front est dégarni ; la chevelure commence à grisonner ; elle touffe un peu sur la nuque, avec l'aspect terne des cheveux morts. Son masque de Mongol, aux arcades sourcilières obliques et saillantes, est semé de quelques verrues. Les traits sont accusés, mais mous ; le teint est grisâtre, les joues creuses, mal rasées ; les lèvres minces et serrées dessinent une longue ligne élastique et sinueuse ; le regard glisse sans franchise entre les paupières, avec de brefs éclats fuyants qu'accompagne alors un sourire un peu grimaçant, enfantin et retors, à la fois timide et apprêté.

Schlumberger le guide vers moi. Je reste confondu : c'est André Gide...

Nous échangeons, à trois, quelques phrases conventionnelles. Gide semble au comble de la gêne, ce qui achève de me paralyser. Schlumberger nous abandonne presque aussitôt. Gide hésite, va chercher son manteau, revient vivement vers moi, hésite encore, puis, — avec des regards furtifs jetés de droite et de gauche, et cet air trop mystérieux que prendrait un mime inexpérimenté pour indiquer aux spectateurs qu'il prépare un mauvais coup, — il m'entraîne jusque dans l'arrière-boutique déserte, parmi des piles de livres et des ballots de papier. Là, sans me regarder en face, accroupi sur un escabeau à gradins, penché en avant dans une pose de gargouille, il murmure à mon adresse quelques propos aimables, sur un ton embarrassé et prétentieux. Que me dit-il ? Qu'il a pris intérêt à la lecture de mon livre ? Non : qu'il a dû, à son corps défendant, emporter cet été à la campagne mon volumineux manuscrit ; qu'il l'a parcouru, d'abord avec ennui, puis avec surprise ; qu'il a eu « la plus vive curiosité » d'en connaître l'auteur ; qu'il est fort étonné aujourd'hui de constater que je n'ai guère dépassé trente ans... Je réponds à peine. Et, tout à coup, il se redresse, pose un coude sur son genou, le menton sur sa main mollement repliée, me regarde, et commence à parler d'abondance. La voix devient aisée, coulante ; elle est admirablement timbrée, chaude, basse et grave, confidentielle à souhait, et enjôleuse, et susurrante, avec des modulations nuancées, et, par instants, un brusque éclat, lorsqu'il entend faire un sort à quelque adjectif rare, à quelque terme choisi, chargé de sens : il semble alors lancer triomphalement le mot en l'air, afin qu'il y déploie soudain toute sa résonance, comme on soulève un diapason pour lui permettre son maximum de vibration[1]. Je ne sais que penser, encore moins que dire... Par le fond, par la forme, toutes ces idées qu'il développe et nuance dans cet élan d'improvisation, sont entièrement nouvelles pour moi. Leur chatoyement m'éblouit. Jamais personne, dans la conversation, ne m'a donné cette impression de force

---

[1]. Baudelaire aussi, d'après le témoignage d'un contemporain, avait dans la voix « des italiques et des majuscules ».

naturelle, de *génie*... Peut-être tout ce brio me serait-il insupportable, si j'y décelais de l'artifice ; mais, jusque dans ses préciosités et ses coquetteries, Gide m'apparaît profondément authentique, et je m'abandonne avec ravissement à la séduction. Son physique ? Je l'examine d'un autre œil. A son entrée, je l'avais vu, je ne l'avais pas regardé. Peu m'importe la barbe de deux jours, le cheveu mal entretenu, le col en accordéon. Combien je suis sensible maintenant à la noblesse de ce visage frémissant d'émotion et d'intelligence, à la tendre finesse de son sourire, à la musique de sa voix, à l'attention, à la chaleureuse bonté des regards dont il m'enveloppe ! Car il ne me quitte plus des yeux. Visiblement, il cherche la réciprocité, l'accord ; il offre l'échange, il quête une alliance. Cette sympathie me bouleverse. Elle m'enhardit, j'ai hâte d'y répondre ; je voudrais évoquer ce jour, dont le souvenir m'est si présent, où j'ai découvert ses *Nourritures terrestres*...

Mais, tout à coup — sans aucun indice préalable, sans transition, sans même achever la phrase qu'il a commencée et qui s'enlise en un murmure indistinct (accompagné par quelques hochements de tête incompréhensibles et par le plus affectueux des sourires) — voilà Gide qui se lève, avec un mélange de souplesse, de grâce, de précipitation, de gaucherie. Il se coiffe, jette hâtivement sur une épaule son manteau flottant, et s'éclipse hors de la boutique, sans serrer la main de personne ; pas même la mienne...

Serait-il venu simplement pour voir quelle est la forme humaine de l'auteur de *Jean Barois* ?

★

Sainte-Beuve dit de Maine de Biran :
« Il a dès l'abord une faculté heureuse, qui est le principe de toute découverte,

de toute observation neuve : il s'étonne de ce qui paraît simple à la plupart des hommes, et de ce dont l'habitude leur dissimule la complication et la merveille [1]. »

★

Février, 1920.

Gide ne parle plus que de la rédaction de ses « Souvenirs », dont il a donné un fragment dans la *N. R. F.*[2]. Ce travail le passionne.

— « J'en suis à peine à l'adolescence, mais déjà je me heurte aux plus épineuses difficultés... Chose curieuse, cher : si je

[1]. Le professeur Leriche, pour lequel André Gide professait une attentive admiration, écrira plus tard, à propos de Claude Bernard :
« L'homme de génie,... c'est un homme dont l'esprit s'arrête sur les choses qui ne frappent pas les autres, et, sachant s'y fixer, regarde ce que les autres ne voient pas. »
[2]. *Si le grain ne meurt.*

pouvais emprunter la terminologie chrétienne, si j'osais introduire dans mon récit le personnage de Satan, aussitôt tout deviendrait miraculeusement clair, facile à conter, facile à comprendre... Les choses se sont toujours passées pour moi comme si le Diable existait, comme s'il était constamment intervenu dans ma vie...[1] »

S'il a été amené à écrire cette autobiographie, dit-il, c'est que l'histoire de ses vingt-cinq premières années lui semble avoir une portée générale, et dépasser de beaucoup l'intérêt d'une aventure individuelle.

Il avoue ce besoin qu'il a — atavisme protestant ? — de toujours légitimer sa conduite en l'analysant, en l'expliquant, en recherchant les causes profondes. Non pour la satisfaction de prouver qu'il a eu raison d'agir comme il l'a fait ; mais parce qu'il revendique le droit d'être comme il

---

1. Dans l'écrit posthume laissé par André Gide, on lira : « Si je croyais au Diable, (j'ai fait parfois semblant d'y croire : c'est si commode), je dirais... »

M. Paul Claudel affirme — assez légèrement — dans *Figures et paraboles* : « Gœthe n'a de talent que quand il est inspiré par Méphisto. »

est ; et parce que, étant tel, il ne pouvait agir différemment.

Il s'applique, dans ce travail de mémorialiste, à une exactitude rigoureuse : — « Je ne veux modifier aucun détail. Je ne changerai ni un nom propre, ni la couleur d'une chevelure. Ma confession n'aura de valeur — la valeur que je veux qu'elle ait — que si elle est strictement véridique. Pour mériter créance, il faut que je puisse dire : Vous voyez, je ne vous trompe en rien, tous les détails concrets sont exacts. Eh bien, le *reste* l'est également. Aussi invraisemblable qu'il puisse vous paraître, cela est, je suis ainsi. »

★

Mars, 1920.

Gide déjeune avec nous.

Il se plaint de la difficulté qu'il éprouve à se faire à Paris une vie propice au travail. Je fais chorus. Je lui raconte que, pendant la guerre, lorsque je pensais aux mutilations possibles, il m'arrivait d'imaginer qu'un éclat d'obus me privait à jamais de la vue : je me voyais alors, condamné au recueillement, à une concentration d'esprit capiteuse, et dictant à ma femme une série d'œuvres admirables... Il m'écoute avec une attention étonnée et rêveuse que mes propos ne justifient guère.

J'en ai, un peu plus tard, l'explication :
— « Vous m'avez suggéré par hasard, tout à l'heure, la fin de cet *Œdipe* auquel je songe... Mon intention, voyez-vous, serait de présenter au début un Œdipe rayonnant, fier de sa réussite, actif, ignorant tout souci : un Œdipe « gœthéen ». Et puis, sans qu'aucun événement nouveau ne se produise[1], simplement par l'intervention, par l'influence d'un prêtre, d'un Tirésias *chrétien*, cet Œdipe glorieux se trouverait totalement dépossédé de son bonheur. Beau sujet, n'est-ce pas ? Vous comprenez : rien, absolument rien n'au-

1. Aucun événement ? Il apprend qu'il a tué son père, épousé sa mère, etc... Peu de chose, en effet !...

rait changé autour de lui ; mais tout ce qui jusque là faisait de lui un monarque serein, équilibré, parfaitement satisfait, tout cela, brusquement, ne compterait plus pour rien, du seul fait que l'éclairage aurait été modifié par le grand prêtre... — autrement dit, *du fait que l'optique chrétienne aurait remplacé l'optique païenne...* Et maintenant j'entrevois ma fin : on verrait l'infortuné roi n'ayant plus qu'un désir : s'évader par la cécité hors du présent, hors de ce présent qui lui a été gâté sans recours ; entrer dans cette nuit, peuplée de souvenirs heureux, qui seule peut lui rendre sa vision optimiste du monde, et le goût de vivre... »

★

Gide me lit cette page de Buffon :
« Il se peut que la modération dans les passions, la tempérance et la sobriété

dans les plaisirs, contribuent à la durée de la vie. Encore cela même paraît-il fort douteux. Il est peut-être nécessaire que le corps fasse l'emploi de toutes ses forces, qu'il consomme tout ce qu'il peut consommer, qu'il s'exerce autant qu'il en est capable. »

A rapprocher de l'aveu que fait Montaigne :

« Jusques aux moindres occasions de plaisir que je puis rencontrer, je les empoigne. »

★

Octobre, 1920.

J'avais rendez-vous ce matin à la villa Montmorency, pour entendre la lecture de *Si le grain...* (Brouillon de la seconde partie.)

Il a laissé la porte entrebâillée. Je le

hèle. Sa voix me répond, de très loin.
Toutes les portes sont ouvertes. Il accourt,
son manuscrit à la main. J'ai l'impression
que, en m'attendant, il errait, seul, dans
cette enfilade de pièces inhabitées et
sonores, comme le dernier survivant d'un
paquebot déserté. Étrange, fabuleuse demeure, où il a si peu l'air d'être chez lui, —
où il semble d'ailleurs impossible à quiconque de se sentir chez soi... Il me guide,
impatiemment, à travers les circonvolutions de l'escalier, dont le plan saugrenu
paraît conçu pour illustrer un conte
d'Edgar Poë. C'est comme un escalier de
phare, collé à la paroi intérieure d'une
cage monumentale, d'un vide impressionnant. Les tronçons successifs de cet escalier sont déconcertants : il en est qui semblent des attrape-nigauds, qui mènent
on ne sait où, peut-être nulle part... Au
premier étage, je m'engage, à sa suite,
dans un couloir ; par une porte béante,
j'aperçois une cabine de navire, un lit
défait. Nous grimpons encore quelques
marches. Un autre couloir, à demi obstrué

par des valises. Nous passons devant une chétive table pliante, chargée de paperasses ; un tabouret de cuisine est adossé à un gros radiateur. — « En général, c'est ici que je travaille ; mais vous serez mieux là-bas », me dit-il, en m'entraînant plus loin. Encore des marches. Nous pénétrons enfin dans une sorte de loggia exiguë, très éclairée, qui domine, comme un poste de vigie, un hall obscur, en contrebas, dans lequel je distingue des tables, des bibliothèques, des sièges rassemblés sous des housses, et des piles de livres à même le sol. Dans cette dunette, deux petits fauteuils durs, en bois foncé, nous attendent.

Déjà, il est assis, son manuscrit ouvert devant lui sur une tablette encastrée dans l'encoignure de la fenêtre, par laquelle j'aperçois des toits, la cime d'un cèdre. La lumière éclaire son beau visage, tout palpitant de plaisir. Il chausse ses lunettes d'écaille (qu'il place tantôt dessus, tantôt dessous la verrue du nez, selon que son regard se pose sur les feuil lets ou sur moi) et, sans préambule, avec une hâte gourmande, il commence à lire. (Voyage à Biskra, avec Jean-Paul Laurens.) Visiblement bouleversé par sa lecture : ses lèvres, ses mains tremblent.

Suit une longue et franche discussion. Je le prie de reprendre certains passages, et lui fais remarquer, dans le ton du récit, la permanence d'une sorte de réprobation sous-entendue, assez conventionnelle, sans doute d'origine protestante.

— « Parbleu », me dit-il, d'une voix troublée : « l'éternel drame de ma vie... Vous comprenez bien, cher, que, tout ça, c'est pour ma femme, c'est en pensant à elle, sans trêve, que je l'écris ! »

En réalité, cette confession qu'il voulait totale et sans réserve, m'apparaît assez timide encore, pleine de réticences, de camouflage, de refus ; devant certains aveux, il semble se dérober malgré lui. Je le lui dis. Aussitôt il en convient, avec un émouvant empressement, une espèce de jubilation, d'exaltation à s'accuser :

— « Oui, oui... Je vois bien... Ce que

vous me dites va tout à fait dans mon sens !... En somme, j'ai un peu triché, sans le vouloir... J'ai escamoté *le fond*... Et rien ne compte, tant que cela, *le fond*, n'y est pas[1]... »

Du coup, il prend la décision de ne pas rester à Paris, de filer d'urgence à Cuverville, pour se mieux recueillir, et se remettre au travail. Aujourd'hui même, tout de suite...

Je l'accompagne en taxi à la gare Saint-Lazare. Pendant le trajet, il ne souffle mot. Mais avant d'arriver, il se penche :

— « Excusez-moi de me taire ainsi...

---

1. *Journal* de Gide :

« 6 octobre 1920. R. M. G... me fait part de sa déception profonde : j'ai escamoté mon sujet ; crainte, pudeur, souci du public, je n'ai rien osé dire de vraiment intime, ni réussi qu'à soulever des interrogations.
... J'ai pourtant conscience d'avoir raconté de mon enfance tout ce dont j'avais gardé souvenance, et le plus indiscrètement possible...

« 1er novembre. Je me débats dans ces chapitres intermédiaires de mes *Mémoires* qui doivent prendre place entre le livre imprimé et ce que j'écrivais cet été. (Voyage en Algérie avec Paul A. Laurens). Je voudrais arriver à y satisfaire aux exigences de R. M. G... »

Mais tout ce que nous venons de dire est tellement important, cher ! J'entrevois si bien déjà ce qu'il faut changer... Je ne saurais plus penser à rien d'autre ! »

★

Juillet, 1920.

Longue visite de Gide.

Je lui rappelle le jugement que, sans me connaître, il a porté sur moi, au cours de l'été 1913, lorsqu'il a conseillé à la *N. R. F.* d'éditer *Jean Barois* : « Ce n'est peut-être pas un artiste, mais c'est un gaillard. »

— « Ne vous désolez pas de ne pas être un *artiste* », me dit-il, en riant. « Nous le sommes infiniment trop !... Ne faites pas comme Charles-Louis Philippe. C'est un cas que j'ai vu de près ; un cas pathétique... Il y avait en lui une force créatrice. Notre contact lui a été funeste : il s'est constamment contraint, contrefait, mutilé, pour devenir plus *artiste* ; et il a ruiné son talent... Dites-vous bien que les grands créateurs ne sont jamais partis d'un principe d'art préconçu ; ils atteignent à l'art par leur création même, sans l'avoir voulu, sans le savoir ; leur art est alors personnel, et neuf. »

La conversation s'oriente sur le roman, le romancier, les dons d'observation :

— « Je l'avoue, il y a très peu de temps que j'ouvre enfin les yeux sur la vie, sur les êtres... Jusqu'à la quarantaine, je puis dire que je ne me suis jamais soucié d'observer ce qui se passait autour de moi. La question religieuse et la question sexuelle m'absorbaient exclusivement : elles me semblaient insolubles, mais rien d'autre ne me paraissait digne d'attention. Je vivais comme un aveugle... »

NOTES SUR ANDRÉ GIDE

★

1920.

Copeau me dit : — « André manque d'un don essentiel aux vrais romanciers : il est incapable de s'ennuyer. Dès qu'un être n'a plus de piquant pour lui, sa curiosité tombe. Il en va de même pour les personnages de ses livres : en général, vers la cent cinquantième page, ses créatures commencent à ne plus l'intéresser ; alors, il boucle vite un dénouement, comme un pensum[1]. »

---

[1]. C'est ce qui s'est passé pour les *Faux-Monnayeurs*. Gide projetait d'écrire plusieurs autres chapitres avant l'achèvement de son livre ; mais l'entrain avait faibli. C'est à ce moment qu'est venue sous sa plume la petite phrase fameuse : « *Je suis bien curieux de connaître Caloub.* » Elle lui a paru être, comme il disait, un si suggestif « mot de la fin », qu'il a aussitôt décidé de s'en tenir là, — enchanté d'être quitte !

NOTES SUR ANDRÉ GIDE

★

1920.

Je lui dis que si je devais choisir une de ses œuvres pour l'emporter, seule, dans une île déserte, c'est son *Saül* que je choisirais. Il en paraît surpris. Puis, souriant :
— « Savez-vous que ma pièce a failli être jouée chez Antoine ? Il avait fort envie de la monter. Il m'a dit, (c'est d'ailleurs la seule fois que je l'ai rencontré) : — « Monsieur Gide, votre *Saül*, c'est très bien ! Si mon prochain spectacle marche, j'aurai l'argent nécessaire, et je mettrai aussitôt votre pièce en répétitions. » Le nouveau spectacle, c'était *Résultat des Courses*, de Brieux. Le cœur battant, j'ai couru à la première. Au début, j'ai essayé de me persuader que c'était excellent, tant je souhaitais le

succès. Mais, dès le deuxième acte, il a bien fallu me rendre à l'évidence : une pièce exécrable, un four noir ! J'étais flambé, je suis parti avant le trois... Et voilà comment mon *Saül* a été la victime de *Résultat des Courses*... »

★

Sainte-Beuve dit de Gœthe :
« Curieux avec insistance, avec sollicitude, mais sans se prendre au fond. »

★

Je lui fais remarquer qu'il vient de se contredire. Il me répond en souriant :
— « Vous connaissez ce mot de Stendhal :

J'ai deux manières d'être : bon moyen pour éviter l'erreur... »

N'est-ce qu'une boutade ?

★

Décembre, 1920.

Gide est venu passer trois jours chez moi, dans ma petite retraite de Clermont. Lui ai lu le *Cahier Gris* et la moitié du *Pénitencier*.

(Je note tout de suite une amusante méprise.

Lors d'une de mes premières visites à la villa d'Auteuil, ma curiosité avait été attirée par un gros volume fort défraîchi, bien en vue sur une table, à peu de distance de moi. Je n'avais pas manqué d'en déchiffrer le titre : P. Boissière, *Dictionnaire analogique.* « Tiens, tiens », m'étais-je dit, « serait-ce le secret du vocabulaire de Gide, la source de ses trouvailles ?... Il me faut un *Boissière* ! » Aussitôt, en chasse. Mais l'ouvrage est ancien, épuisé, introuvable. J'alerte les bouquinistes. Enfin, on m'en déniche un exemplaire, mal relié, abîmé, affreusement cher. Je le prends sans barguigner, et m'applique à en faire usage.

Or, en débarquant à Clermont, Gide passe mes livres en revue. — « Ah », dit-il, « vous possédez le recueil de Boissière ? Que vous en semble ? » — « Incomparable ! » — « Vraiment ? Moi aussi, j'en ai acheté un, autrefois ; mais je ne l'ai jamais ouvert. Je n'ai jamais su me servir de ces outils-là... »)

Trois jours de solitude à deux, de lectures à haute voix, d'interminables conversations. (Dans les conseils littéraires qu'il me donne, jamais il ne tire la couverture à lui : il se met toujours dans ma peau, et c'est à être moi-même le plus possible, qu'il me pousse. Devant une scène mal venue, il ne dit pas : « Voici comment j'aurais fait », mais : « Voici comment vous auriez fait, vous, si vous aviez été dans un de vos bons jours [1]. »)

Il souhaite, lui aussi, écrire un long roman touffu, chargé d'épisodes. Il m'en dit le sujet : un groupe d'enfants dévoyés, qu'un hasard mettra en relations avec une bande de faux-monnayeurs, et qui, pour pouvoir faire partie de la bande, se trouveront amenés à « donner un gage », à perpétrer un acte criminel qui les compromettra, sans recours.

Son plan est encore embryonnaire. Mais, à propos de ce projet, il me fait toucher du doigt à quel point nos façons de concevoir l'œuvre romanesque sont différentes, voire opposées. (Je sens com-

---

[1]. *Journal* de Gide :

« 22 décembre 1920. Passé deux jours à Clermont... Conversation ininterrompue, que je crois avoir été du plus grand profit pour l'un et pour l'autre... »

bien la mienne est restée élémentaire. Ce que j'appelle objectivité, fidélité au réel, simplicité de composition et de facture, pourrait bien n'être qu'indigence...)

Pour mieux se faire comprendre, il a pris une feuille blanche, y a tracé une ligne horizontale, toute droite. Puis, saisissant ma lampe de poche, il a promené lentement le point lumineux d'un bout à l'autre de la ligne : — « Voilà votre *Barois*, voilà vos *Thibault*... Vous imaginez la biographie d'un personnage, ou l'historique d'une famille, et vous projetez là-dessus votre lumière, honnêtement, année par année... Moi, voilà comment je veux composer mes *Faux-Monnayeurs*... » Il retourne la feuille, y dessine un grand demi-cercle, pose la lampe au milieu, et, la faisant virer sur place, il promène le rayon tout au long de la courbe, en maintenant la lampe au point central : — « Comprenez-vous, cher ? Ce sont deux esthétiques. Vous, vous exposez les faits en historiographe, dans leur succession chronologique. C'est comme un panorama, qui se déroule devant le lecteur. Vous ne racontez jamais un événement passé à travers un événement présent, ou à travers un personnage qui n'y est pas acteur. Chez vous, rien n'est jamais présenté de biais, de façon imprévue, anachronique. Tout baigne dans la même clarté, directe, sans surprise. Vous vous privez de ressources précieuses[1]!... Pensez à Rembrandt, à ses touches de lumière, puis à la profondeur secrète de ses ombres. Il y a une science subtile des éclairages ; les varier à l'infini, c'est tout un art ».

— « Un art ? Ou un artifice ? »

---

1. Ce sujet est revenu bien des fois dans nos entretiens. Je lis dans le *Journal* de Gide, à la date du 3 janvier 1922 :

« Déjeuner chez R. M. G., et, sitôt après le repas, me suis lancé dans une critique de son roman, ou, plus généralement, de sa manière, — qui nous a entraînés très loin. Il se montre extraordinairement anxieux, et désireux d'acquérir certaines qualités qui sont à l'opposé de sa nature : mystère, ombre, étrangeté, toutes choses que valent à l'artiste certaines accointances avec le Diable. Et, plus d'une heure durant, nous avons parlé de la *présentation indirecte* des événements. »

NOTES SUR ANDRÉ GIDE

— « Comme vous voudrez, cher. Vous êtes conséquent avec votre nature. Vous êtes du côté de Tolstoï. Moi, je suis, ou voudrais être, du côté de Dostoïevski. Notez que j'admire profondément Tolstoï. Il est un *témoin* merveilleux. Mais j'avoue qu'il ne me suffit pas. Sa recherche porte toujours sur ce que les êtres ont de plus général, j'ai envie de dire : de plus humain ; sur ce qui, en chacun de nous, est commun à tous. Il me montre ce que je sais déjà, plus ou moins ; ce que, avec un peu d'attention, j'aurais peut-être pu découvrir moi-même. Il ne m'apporte presque pas de *surprise*[1]... Dostoïevski,

---

1. *Journal* de Gide, à la date du 2 octobre 1936 :

« Roger, pour n'importe quelle question psychologique (et même, ou surtout, en tant que romancier), élimine volontiers l'exception, et même la minorité. De là certaine banalisation de ses personnages. Il se demande sans cesse : « Que se passe-t-il, dans ce cas donné, *le plus généralement* ? » Le « un sur mille » ne retient pas son attention ; ou c'est pour ramener ce cas à quelque grande loi générale. (Ce en quoi, certes, il a raison.) Mais c'est pour découvrir cette loi générale que l'exception, tout au contraire, m'occupe, qu'elle requiert mon attention la plus vigilante, et que je la crois instructive. »

au contraire, ah, il m'*étonne* sans cesse ! Il me révèle toujours du neuf, de l'insoupçonné, du jamais-vu ! »

Il réfléchit quelques secondes, puis ajoute :

— « Ibsen aussi, d'ailleurs : ses personnages sont aussi vrais que ceux de Tolstoï ; et non moins particuliers, souvent, non moins inattendus, que ceux de Dostoïevski... »

★

Avril, 1921.

Gide arrive en fin d'après-midi, et dîne avec nous.

(Dès son entrée, certains jours, on sait, à son air tendu, à la fois grave et joyeux, que c'est lui seul qui mènera le jeu, et qu'il n'y a qu'à s'abandonner. Il épuisera vingt sujets avant d'en venir à celui qui l'habite ce jour-là. Car il y a toujours un *sujet du jour*, dont il est obsédé, auquel tous les autres, invinciblement, le ramènent ; autour duquel il tournera longtemps avec des hochements de tête mystérieux, comme s'il jouait à cache-cache avec lui-même, mais qu'il abordera à coup sûr, fût-ce au dernier moment, sur le pas de la porte. Il reviendra alors se rasseoir, pour exposer enfin ce qui lui tient à cœur ; il n'est venu que pour cela !)

Impossible de rendre le ton d'une soirée de ce genre, les méandres imprévus de l'entretien. Je noterai seulement ce qu'il m'a dit (à propos d'*hérédité*) :

— « J'ai toutes raisons de penser que je suis le premier uraniste de ma lignée. Aussi loin que je sache remonter dans le passé de mes ascendants, je ne vois que protestants rigides et contraints ; s'ils ont eu des velléités de cette sorte, ils ont lutté contre, et ils les ont étouffées.

Justement ! Je suis leur victime... Ce n'est pas en vain que, pendant plusieurs générations, on contrarie, dans tous les domaines, ses tendances les plus naturelles. Arrive le moment où la nature est la plus forte. A travers moi, si je puis dire, elle se venge d'eux, de leur rigueur... Je paye pour eux, je suis leur châtiment... »

A une question que je pose, il répond avec assurance :

— « Non, je ne crois nullement que mes goûts particuliers pourraient être transmis par hérédité : caractères acquis, intransmissibles. Je suis ainsi parce que j'ai été contrecarré dans mes instincts par mon éducation, et par les circonstances... Ce que j'imagine, voyez-vous, c'est que j'ai dû recevoir en héritage une sexualité démesurément exigeante, laquelle a été contenue, comprimée volontairement, par plusieurs générations d'ascètes, et dont, en quelque sorte, j'ai à subir la pression surchargée... »

★

« Une conduite déréglée aiguise l'esprit et fausse le jugement. »

BONALD.

★

Janvier, 1922.

Gide avait rencontré Rathenau dans le Luxembourg, chez les Maerisch. Le ministre allemand étant en mission à Paris, Gide a été le voir.

Rathenau lui a tenu les propos les plus sombres :

« Monsieur Gide, les événements vont si vite que les prévisions les plus pessimistes se réaliseront bien avant qu'on ne le pense. Nous sommes dès aujourd'hui à la merci du plus insignifiant incident qui peut surgir en Pologne, en Yougoslavie, n'importe où...

« La responsabilité de la France est grande ! Sa méconnaissance de tous les problèmes nouveaux est déconcertante. Votre budget d'armement absorbe, à lui seul, la moitié du budget de la nation. Où cela vous mène-t-il ? A la banqueroute ? A la révolution ? A la guerre ?

« L'Europe court à l'abîme. Plus possible de l'arrêter. Et même si on le pouvait, Monsieur Gide, peut-être ne serait-il pas souhaitable qu'on l'arrête. L'abcès est formé : il faut qu'il crève, encore une fois. »

Rathenau a dit aussi :

« Le grand facteur de l'avenir, c'est cet immense peuple, inconscient et sans tête, d'Amérique... C'est lui qui, les yeux fermés, imposera sa décision au Vieux Monde... »

NOTES SUR ANDRÉ GIDE

★

Mars, 1922.

Gide me confie son « besoin » de publier, sans de plus longs délais, *Si le grain ne meurt* et *Corydon*.

Je m'efforce, je m'ingénie, à l'en dissuader :

— « Je serais le dernier à vous retenir, si j'avais le moindre doute sur l'inutilité, la pathétique inutilité, de ce scandale. Car le scandale est inévitable. Il donnera des armes décisives à vos ennemis, qui sont nombreux. Il écartera de vous les deux tiers de vos amis, — j'entends ceux qui acceptent votre vie privée tant qu'elle est discrète, plus ou moins voilée, tant que les apparences sont sauves ; mais qui, le jour où vous vous serez affiché par un aveu cynique et public, devront prendre parti, et le prendront contre vous.

Absurde... Vous allez créer autour de vous une atmosphère d'indignation, de méfiance, de calomnie. Je vous connais : vous en souffrirez cruellement. Et c'est ce qui me désespère : rien ne peut nuire davantage au bel épanouissement de votre maturité... »

A tout ce que je dis, il oppose son regard le plus affectueux, mais secoue la tête avec une douce obstination :

— « Je n'en peux plus d'attendre... Il me faut obéir à une nécessité intérieure, plus impérieuse que tout ! Comprenez-moi. J'ai besoin, *besoin*, de dissiper enfin ce nuage de mensonges dans lequel je m'abrite depuis ma jeunesse, depuis mon enfance... J'y étouffe ! »

Il a toujours eu la hantise de la tragique destinée d'Oscar Wilde. Pas impossible que, croyant avoir à accomplir un suprême devoir, une mission supérieure, il cède, en ce moment, à je ne sais quel appel nostalgique du martyre. Copeau le pense. D'autres aussi, peut-être.

Pour moi, je crois bien davantage à une

intoxication *slave*... Voilà des mois que, pour préparer ses conférences du Vieux-Colombier, il vit dans l'intimité quotidienne de Dostoïevski. Contagion de la confession publique : il brûle, comme un héros du roman russe, de braver la société, de s'offrir à ses coups ; il aspire à l'outrage, à l'opprobre, au pilori... Pour repousser mes objections, il a d'étranges sourires d'illuminé !... A la pensée d'être incompris, bafoué, méprisé, victime expiatoire d'une sincérité sublime, sans doute se sent-il grandir, se dépasser ? (Car je flaire aussi, dans cette aventure, je ne sais quel informulé souhait d'*expiation* ; nouvel indice des réflexes moraux qu'il a hérités de son atavisme puritain ; prolongement, dirai-je, de cette latente notion de péché, de culpabilité, dont il n'a pas conscience, qu'il nierait certainement, mais dont j'aperçois bien d'autres traces dans son comportement : ne fût-ce que l'incessant désir de s'expliquer, de se défendre, — exactement : de *se justifier* —, auquel ce grand réfractaire, qui se croit exemplaire-

NOTES SUR ANDRÉ GIDE

ment affranchi, a jusqu'ici, de son propre aveu, consacré le plus clair de son intelligence et de son talent [1].)

1. D'autre part, il croit l'instant propice. Il pense secrètement que l'heure est venue de frapper un grand coup pour que l'homosexualité acquière enfin libre place au soleil. Car, attentif aux moindres indices, il se persuade qu'en ce domaine l'opinion a foncièrement évolué ; que, — sous l'influence de Freud, notamment, — les questions sexuelles sont venues à l'ordre du jour ; que les « tabous » sont abolis ; et que nous allons, à pas rapides, vers une grande liberté de mœurs.

Mais ce n'est vrai qu'en apparence. Gide prend ses désirs pour des réalités. Il voit une acceptation de fond, une nouvelle prise de position morale, dans ce qui n'est rien de plus qu'une des diverses manifestations d'un relâchement général, superficiel et momentané, issu des bouleversements de la guerre, de la fatigue et de la confusion des esprits : on réagit moins, on s'indigne moins facilement, on montre moins d'agressivité. Soit. Mais cette paresse à défendre certains principes moraux ne prouve nullement qu'ils soient moins enracinés. Si, en France, la sévérité de naguère paraît émoussée, si la censure des écrits est plus débonnaire, la police moins harcelante, le conformisme moins pudibond, rien, rien d'essentiel n'est changé, ni dans les lois répressives, ni dans le jugement du plus grand nombre de nos contemporains. Peut-être s'en apercevra-t-on bientôt... Les homosexuels peuvent bénéficier provisoirement d'une plus apathique tolérance : mais, en fait, l'homosexualité reste justiciable de la même réprobation qu'autrefois, et se heurte, non seulement auprès de la plupart des moralistes, mais auprès de l'immense majorité des Français, aux mêmes flétrissures, aux mêmes condamnations sans appel.

NOTES SUR ANDRÉ GIDE

Je perds mon temps à vouloir le convaincre. Il publiera son *Corydon* ; il publiera *Si le grain ne meurt*. Dans son exaltation actuelle, il est prêt à tout sacrifier, son crédit, sa réputation croissante, et son repos, — et même le repos d'Emmanuèle... En a-t-il le droit ? Autre question... Il ne raisonne pas, il suit ce qu'il appelle sa « pente » : plus le sacrifice sera démesuré, plus enivrante sera sa délectation mystique...

(N'oublions pas non plus que Gide n'a jamais eu la patience de conserver bien longtemps une œuvre achevée dans ses tiroirs...)

★

« Il ne faut pas hésiter à faire ce qui détache de vous la moitié de vos partisans et qui triple l'amour du reste. »

Paul Valéry,
Regards sur le monde actuel.

NOTES SUR ANDRÉ GIDE

★

« Le propre de son œuvre » (l'œuvre de Dostoïevski) « est que toute passion... ne s'y déploie pas uniquement en émotions et en actions : elle veut se mettre en règle avec la pensée, elle ratiocine, s'invente une justification, construit toute une théorie modelant sur elle l'Univers entier. »

Michel Arnaud (M. Drouin),
N. R. F., août, 1923.

★

D'un article de Gilliard sur Baudelaire (*Écrits nouveaux*, juillet 1921) :
« ... un homme forcé d'attester par ses

œuvres la communion de sa chair et de son âme.

« ... Et toute sa vie se consume en revendications et en efforts d'impossible adaptation. Sa logique même le fait paraître dément. Plus il s'obstine à réaliser son harmonie, plus il devient socialement discordant. Plus il s'efforce d'entrer en paix avec lui-même, plus il provoque d'hostilité autour de lui... Et c'est son impérieuse droiture même qui lui donne ces airs d'égarement et d'incohérence... Pour le juger, il faudrait être au centre de lui-même. »

★

« D'où provient donc la révolte d'un Nietzsche, d'un Dostoïevski, d'un Chestov ?

« C'est une révolte *religieuse*. La guerre

qu'ils mènent contre la morale est religieuse en son essence. »

Boris de Schloezer
(Préface aux « *Révélations de la mort* »
de Chestov.)

★

« C'est le plus souvent par les points que lui reprocha ou que négligea le plus son époque, qu'un écrivain, à travers les âges, parvient à communiquer avec nous. Expecter ce qui, parmi les préoccupations du jour, méritera d'intéresser encore les générations à venir, voici qui demande une perspicacité singulière. »

A. Gide
(*Préface à l'anthologie de Montaigne.*)

★

« Je crois que si le mensonge peut servir un moment, il est nécessairement nuisible à la longue, et qu'au contraire la vérité sert nécessairement à la longue, bien qu'il puisse arriver qu'elle nuise dans le moment. D'où je serais tenté de conclure que l'homme de génie qui décrie une erreur générale, ou qui accrédite une grande vérité, est toujours un être digne de notre vénération.

« Il peut arriver que cet être soit la victime d'un préjugé et des lois... Ignominie passagère... »

DIDEROT
(Neveu de Rameau.)

Gide a toujours envie de *partager*.

« Nul plaisir n'a de saveur pour moy, sans communication : il ne me vient pas seulement une gaillarde pensée en l'âme, qu'il ne me fasche de l'avoir producte seul, et n'ayant à qui l'offrir. »

Montaigne (*III, 9*).

★

Juillet, 1922.

(Ile de Porquerolles).
Gide nous avait annoncé son arrivée pour aujourd'hui.

Hier, nous étions assis sous les pins à la fin de l'après-midi, à l'heure où le Cormoran, qui fait le service quotidien d'approvisionnement, revient de la presqu'île de Gien. Machinalement, je braque ma jumelle ; et suis tout éberlué d'apercevoir Gide, dressé, cape flottante, seul, debout, à l'avant du canot. Très Lohengrin... Dans sa hâte affectueuse, il avait avancé sa venue d'un jour.

Ce matin, à l'aube, il était levé et parti à l'aventure, parcourant l'île comme un sauvage ivre, à moitié nu, s'égratignant aux buissons de tamaris et d'arbousiers, courant après les papillons, cueillant des fleurs et des baies aux arbustes, se baignant dans toutes les criques pour comparer la tiédeur des eaux, bondissant de roche en roche pour pêcher, dans les creux, des algues, des coquillages, des insectes de mer dont il remplit son mouchoir. Il a reparu à midi passé dans la salle à manger de l'hôtel, avec du sable dans les oreilles et du varech collé sur tout le corps, riant, l'œil fou, saoulé de lumière, de chaleur, de joie, et scandant d'une voix enivrée ces vers de Heredia :

*Le soleil, sous la mer, mys-té-ri-euse aurore,
Éclaire la forêt des coraux abyssins...!*

Dès cet après-midi, il s'est payé à la mercerie un indescriptible chapeau de toile, qu'il ne quitte plus. Et il s'est mis au travail : traduction du premier acte d'*Hamlet*. Mais, de temps à autre, il ne se retient pas de bondir vers la mer, et dévale à travers les pins, le chapeau sur l'occiput, les bras encombrés de livres, de cahiers, de grammaires, de lexiques. Puis il nous rejoint, pensif, et recommence aussitôt à écrire... Tout en pataugeant le long de la plage, il n'a cessé de chercher un équivalent à telle ou telle expression anglaise... Le plus étonnant, c'est qu'il l'a trouvé !

★

Porquerolles. Juillet, 1922.

Cet après-midi, lu à Gide un premier jet de *La Gonfle*.

Nous étions installés au bord de l'eau, sur la terrasse ombragée de la villa vide où, pour échapper à nos chambres d'auberge, j'avais, avant l'arrivée de Gide, obtenu l'autorisation d'aller travailler tous les jours.

A peine avais-je commencé ma lecture que, de l'autre côté de la baie, à environ trois cents mètres de nous, deux beaux adolescents sont venus flâner sur la jetée ; puis ils sont descendus dans les rochers pour se baigner. Aussitôt Gide s'est emparé de ma jumelle. — « Je vous écoute, cher... Continuez... Continuez... » Et, pendant l'heure qu'a duré ma lecture, il n'a pas détaché les yeux de la lorgnette.

Je lisais mal ; j'étais dépité, furieux ; je sentais son attention entièrement accaparée par la vue de ces deux garçons nus qui batifolaient au bord des vagues, et dont la brise nous apportait par instants les rires et les cris. Il aurait certes vendu son âme pour que le Diable fasse tomber mon manuscrit à la mer, et qu'il puisse courir vers la jetée... Dès que j'ai eu terminé le dernier acte, il est parti se « dégourdir les jambes », sans un mot sur ma pièce.

Mais, ce soir, il m'en a parlé longuement, avec une parfaite clairvoyance. Il avait fort bien écouté.

★

Janvier, 1923.

Premier séjour à Cuverville, malgré la saison. Emmené de Paris par Gide.

Pénible sentiment de malaise au cours du trajet...

Cela a débuté dès notre arrivée à Saint-Lazare. Gide, qui fait constamment ce voyage, errait dans la gare, ne sachant plus où se trouvait le guichet des billets, ni par où l'on accédait aux quais, ni l'heure du départ du train pour Le Havre, ni même s'il y avait une communication pour joindre à temps le tortillard qui mène à Criquetot. Il ne voulait rien demander à personne, et courait de-ci de-là avec de vagues : — « Essayons par ici... Venez... Suivez-moi... » Nous grimpons à la dernière minute dans un train à demi plein, que j'espère être le bon ; et Gide aussitôt commence ses étrangetés. Drapé dans son manteau posé sur les épaules, un chapeau noir et velu juché sur le sommet du crâne, les bras chargés de bouquins, de revues, l'œil fiévreux et fureteur, (avec ce sourire indécis et engageant, cet air faussement naturel qu'il prend dans ces cas-là, persuadé qu'une allure désinvolte permet de passer inaperçu), il arpente le train, et me traîne à sa remorque tout le long des couloirs glacés, pour la plupart déserts. Nous parcourons plusieurs fois le convoi, depuis le fourgon de queue jusqu'à la voiture de tête, et vice-versa. Il inventorie l'un après l'autre les wagons, s'arrêtant aux compartiments les plus occupés, les essayant tour à tour, abandonnant celui-ci pour une raison mystérieuse, celui-là sous un prétexte quelconque, regrettant soudain celui qu'il a quitté à l'autre extrémité du train, m'emmenant à sa recherche, ne le retrouvant pas, et ainsi de suite. Enfin, le laissant à ses manèges, je choisis délibérément un coin, et m'y installe. Mais j'étais incapable de lire.

Le malaise dont j'ai parlé — bien difficile à définir — était fait d'un double sentiment : de responsabilité et d'insécurité. Comprenne qui pourra... Comme si j'avais eu la garde d'un enfant sur le point de commettre les pires imprudences ; ou d'un malade en plein accès de fièvre chaude...

NOTES SUR ANDRÉ GIDE

A plusieurs reprises pendant mon séjour à Cuverville, certains signes de trouble dans l'attitude de Madame Gide, m'ont soudain fait resonger à ce peu agréable voyage. Des signes ? Des indices plutôt : certains silences subits, certaines confusions vite et mal dissimulées, ou bien, dans le regard, certaines lueurs inquiètes, presque apeurées, très fugitives... Il y a des moments où, en présence de son mari, (et, généralement, lorsqu'il se montre le plus naturel, le plus gai, le plus causant), elle paraît tout à coup sur des charbons ardents. Que se passe-t-il alors en elle ? Quelle pensée, quel soupçon, quel souvenir, la traverse ? Je jurerais que son bref malaise ressemble au mien, et que mon impression d'*insécurité* est un sentiment dont elle a une longue expérience, — qu'elle éprouve parfois jusqu'à l'angoisse. Comment croire que cet être timide, délicat, craintif, aux goûts traditionnels, volontiers austères, ait jamais trouvé le moindre appui en ce compagnon fluide, évasif et sans cesse évadé, dont tous les caprices déconcertent, et qu'on sait incapable de se refuser à une sollicitation ? Quoi de plus nocif et de plus épuisant pour une nature équilibrée, même si elle n'est pas hostile à une certaine fantaisie, (et c'est le cas), que le voisinage de cette perpétuelle inconséquence, que cette perpétuelle soumission à l'imprévisible ? N'y aurait-il jamais eu rien de plus grave entre eux, que cela seul eût suffi à faire un couple intimement désaccordé.

— « Pas à dire, cher, vous avez partie gagnée avec ma femme », me répète Gide, qui semble aussi sensible que moi à l'accueil infiniment gracieux que me fait toujours Madame Gide.

Je la vois surtout aux repas et pendant la soirée ; elle prend très spontanément part à la conversation, et y fait preuve de beaucoup de finesse. Je remarque, une fois de plus, leur curieux comportement l'un vis-à-vis de l'autre, cette sorte de politesse attentive, ce mélange de naturel et d'apprêt qu'ils introduisent dans leurs moindres rapports, cet échange empressé de prévenances, l'affabilité, la tendresse de leurs regards, de leurs sourires, de leurs propos ; — et, en même temps, un fond d'impénétrable froideur, quelque chose comme une basse température dans les profondeurs : l'absence, non seulement de ce qui ressemblerait à quelque familiarité conjugale, mais de ce qu'est l'intimité entre deux amis, entre deux compagnons de voyage. Leur amour réciproque, — si manifeste soit-il, — demeure distant, sublimé, sans communion : c'est l'amour de deux étrangers qui semblent n'être jamais certains de se bien comprendre, de se bien connaître, et qui ne communiquent aucunement dans le secret de leurs cœurs.

Une fois de plus, aussi, je suis frappé des éclairs imprévus de gaîté qui, pour un rien, illuminent souvent la gravité de ce visage généralement empreint de retenue. Le contraste est alors émouvant entre ces traits déjà fatigués par l'âge, et ce rire frais, perlé, extraordinairement juvénile, — pour ne pas dire enfantin. Une source qui fuse sous les feuilles mortes... (Certaines vieilles filles, des institutrices aux cheveux gris, dont on imagine mal la jeunesse, ont ainsi, à l'improviste, d'innocents fous-rires, qui, pendant un bref instant, font reparaître sur leur masque miraculeusement rajeuni les primeurs de l'adolescence.)

La maison est d'un grand charme, d'un style sobre, sans faste : la simplicité d'une belle demeure bourgeoise du xviiie siècle. Deux étages de fenêtres à petits carreaux dans une longue façade plate, sans autres ornements que l'ordonnance des lignes, la justesse des proportions, et le fronton central, dont le triangle clair se découpe sur le haut toit d'ardoises. Le crépi est jaune pâle ; tous les volets sont blancs.

Les arbres séculaires d'une « hêtraie », sur la gauche, flanquent le jardin, beaucoup plus long que large et qui se compose de deux parties : devant le perron d'accès, une grande pelouse, ombragée à droite par un cèdre géant, (planté, m'explique Gide, il y a cent ans, par le grand-père, acquéreur du domaine) ; de l'autre côté, un petit parc romantique, où d'étroites allées tournent autour de plates-bandes gazonnées, ornées de plantes vivaces, dont Gide connaît, surveille, protège, chaque pied. La vue est pareillement dégagée devant les deux façades : de part et d'autre, jusqu'à l'horizon, c'est le paysage monotone, sauvage, un peu triste, de ce pays : de vastes étendues de champs, plats et nus, coupés çà et là par les oasis que forment les « hêtraies », ces hautes et longues allées de grands arbres, qui abritent les fermes contre les vents pluvieux de la Manche.

A droite du vestibule, décoré de faux marbre, s'ouvre un salon à boiseries blanches, éclairé sur les deux faces, inhabité l'hiver, et qui doit être charmant à la belle saison avec son mobilier d'acajou verni, ses crédences, ses fauteuils de tapisserie à fleurs, ses rideaux pimpants, son parquet couleur de miel ; rien n'y a été changé depuis cent ans. Plus loin, le cabinet de travail, également inhabité, où des pommes et des poires tardives mûrissent sur des claies. A gauche du vestibule, la salle à manger, seule pièce où l'on se tienne à cette époque. Trois sièges d'osier sont groupés devant la cheminée ; le feu de bois qu'on y entretient tout le jour semble surtout destiné aux trois énormes chats de Siam, au pelage bistre, lourds de graisse, majestueux et somnolents, qui, généralement, occupent les trois fauteuils. Les repas, composés sans frais d'imagination, mais surabondants et servis avec un soin anglo-saxon, se prennent sur une table ronde, devant l'une des fenêtres. Une porte mène aux lieux d'asile de la maîtresse de maison : aux offices, à la lampisterie, au fruitier, à la laiterie, à la vaste cuisine où luisent des astres roses, comme dans un tableau hollandais. Madame Gide y besogne, des heures durant, dans une odeur entêtante de pétrole, de cirage, de térébenthine. Car le fétichisme de l'encaustique règne à Cuverville. Tout ce qui peut être astiqué, miroite. Les dalles, les carrelages, les parquets, sont de dangereuses patinoires. L'escalier est le modèle du genre : selon un rite immuable qui date d'un demi-siècle au moins, chaque matin, des servantes sans impatience, munies d'un chiffon de laine, caressent inlassablement toutes ses surfaces, tous ses méplats, tous ses reliefs, — depuis les carreaux rouges des marches et leur encadrement de chêne, jusqu'aux moindres ressauts de la rampe de fer. Alluvion de plusieurs générations, une couche épaisse de cire durcie, transparente comme un vernis à reflets de topaze, donne à tout l'escalier l'air d'être sculpté dans une matière précieuse, polie, indéfinissable : dans un bloc d'ambre brun.

(Je pense au campement de la villa d'Auteuil, à la poussière, au lit défait, à l'évier encombré de vaisselle... Ici, un détail entre beaucoup d'autres : Madame Gide a fait confectionner de grandes housses en forme, dont on couvre les bibliothèques du palier, le matin, pendant l'heure du ménage...)

Gide habite, au-dessus de la cuisine, deux pièces communicantes, à boiseries anciennes, d'un ton gris-vert délicat. Mais il a le génie de l'inconfort : où qu'il soit, il semble être de passage : la chambre qu'il occupe prend aussitôt l'aspect d'un campement. Les meubles disparates sont placés n'importe où, et détournés de leur affectation normale. L'accès de la fenêtre est obstrué par une vieille toilette de marbre surchargée de livres ; le linge est entassé dans le secrétaire en bois de rose ; le fauteuil de bureau, à dossier droit, ne lui sert qu'à suspendre ses foulards, ses cravates. Pour travailler, il préfère cet escabeau de paille et cette fragile table volante, qu'il pousse jusque dans les cendres de l'âtre, où fume un maigre feu, juste bon à lui griller les tibias. Mais, dans son dos, il a déplié un volumineux paravent de tapisserie. A mon intention, Madame Gide a fait monter une bergère. Et c'est tout près du feu, abrités par le paravent, que nous causons, des journées entières, — journées merveilleuses, journées d'affection, de confiance, de bon accord, et, naturellement, pleines de gaîté, de fantaisie.

C'est là qu'il me lit son travail de l'automne, un premier début de ses *Faux-Monnayeurs*. Quelques morceaux excellents, quelques personnages bien venus, des bouts de dialogues suggestifs, les pages tout à fait hors pair du *Journal d'Édouard*. Mais aussi que de parties creuses, de longueurs, — ce que nous appelons des « lagunes »... ! Sa lecture le déçoit ; il croyait, dans l'ensemble, ces premiers feuillets meilleurs. Comment s'étonner ? Il se refuse à s'assurer d'un plan préétabli. Il ne sait pas lui-même où il va, ni très bien où il veut aller. Il écrit d'impulsion, selon le caprice de l'heure. Au milieu d'un chapitre, pour corser la scène, parfois simplement pour placer une réplique savoureuse, il inventera un nouveau personnage auquel il n'avait encore jamais songé, dont la silhouette soudain se dessine et le tente, mais dont il ne sait encore rien, ni ce qu'il vient faire dans l'histoire, ni même s'il lui trouvera un rôle à y jouer. Naturellement, je m'insurge. Construction d'abord ! Je lui cite un mot de Bourdelle : « Bâtir harmonieusement, tout est là : *on ne sauve pas les disproportions par des détails.* » Il proteste, et cherche de bonnes raisons pour défendre sa façon hasardeuse de composer. En fait, elle le ravit parce qu'elle l'amuse. Mais j'ai beau jeu : le résultat laisse à désirer. Il ne s'en était pas avisé, et doit en convenir. Non sans débat. Nous discutons gaîment, chaleureusement, à perte de souffle... Je m'exprime mal, j'hésite, je parais me contredire sans cesse ; mais, dans le fond, je sais assez solidement ce que je voudrais pouvoir dire avec clarté, et il manie le forceps avec tant de complaisance qu'il finit toujours par m'accoucher. Je ne le convaincs pas à tous coups ; néanmoins ma sincérité ne lui est jamais inutile : quand elle ne le persuade pas, elle sert du moins à l'enfoncer plus délibérément dans son sens.

(Je crois qu'il y a là un des secrets, un des plus stables fondements de notre entente, de notre intimité. Deux hommes de bonne foi s'affrontent ; l'un, aveuglément poussé par le besoin qu'il a de sortir coûte que coûte ce qu'il pense ; l'autre, animé d'une modestie incroyable, que ni l'âge ni la renommée n'ont altérée, et qui prend un plaisir — un peu masochiste peut-être — à se laisser critiquer, dès l'instant où il trouve devant lui une franchise dont il ne peut suspecter ni les intentions, ni l'authenticité[1].)

Exemple de l'extraordinaire émotivité de Gide.

Un soir, au coin du feu, il nous a pro-

---

1. *Journal* de Gide :

« 19 novembre 1924. Lu à R. M. G. les derniers chapitres écrits. Le reflet de mon livre dans un cerveau si différent du mien fait apparaître mieux les défauts du livre, et même ses qualités... Que de travail encore, pour mener à bien ce que j'ai déjà tant travaillé !

« 24 décembre 1931. Avec R. M. G. je puis me laisser aller au naturel. Il n'est personne aujourd'hui dont la présence me soit de plus grand confort... Avec lui, je ne me sens jamais perdre mon temps... »

posé, à sa femme et à moi, de nous donner lecture d'un article « remarquable » de son oncle Charles Gide. (Article sur les inaugurations des Monuments aux Morts, paru en décembre dans l'*Émancipation*. « L'oncle Charles » y déclare notamment que tous ces hommes politiques de l'avant-guerre, qui n'ont pas su conjurer le désastre, et qui osent, aujourd'hui, sans vergogne, élever la voix devant les tombes de nos soldats, ne devraient prononcer qu'un mot : Pardon !)

Gide, en lisant ce passage, a été saisi par une telle émotion qu'il a dû s'interrompre à plusieurs reprises, littéralement suffoqué par les sanglots. A peine si sa voix chevrotante restait perceptible ; et de grosses larmes enfantines roulaient sur ses deux joues mal rasées, et se rejoignaient sous le menton avant de mouiller la cravate...

L'attitude de Madame Gide m'a paru significative. Émue, certes, mais plus encore surprise et visiblement gênée. A cause de moi, peut-être ? A la fois, attendrie par cet excès de sensibilité, dont la sincérité ne pouvait être mise en doute, et intimement choquée par l'impudeur d'un tel manque de retenue, de *self-control*[1].

La veille de mon départ, j'ai fait avec Gide, à la tombée de la nuit, dans un air glacé tout imprégné d'eau, un émouvant pèlerinage à travers le jardin ruisselant de pluie, à demi enseveli déjà dans les ténèbres. — « Voici *le banc* », me dit-il, en se serrant contre moi : « le banc de la *Porte étroite*... Et voici la *petite porte* du potager... Cela me serre le cœur, tant j'ai intensément vécu ces minutes, avec Alissa... Elle ouvre la porte, et Jérôme est là, dans l'ombre, qui attend... « Est-ce

---

[1]. Graphologie... Je note, sans en tirer de conclusion, cette remarque que j'ai faite sur l'écriture de Madame Gide : ferme, droite, bien dessinée au commencement de chaque mot ; abandonnée, tremblante, informe, à la fin. Comme si l'énergie nécessaire au tracé des premières lettres s'épuisait soudain dans ce bref effort, mais qu'un acte de volonté — éphémère — parvenait à la ranimer au début du mot suivant.

toi, Jérôme ?... » Ah, cher, que tout cela est beau ! Et pourtant cela m'étouffe, je me promène ici comme un fantôme, dans un passé à jamais révolu. Ma vie est ailleurs, maintenant. »

Il m'entraîne vers le bourg, par un chemin herbu, trempé, vaseux, où nous nous enlisons. Il n'en a cure : — « Un peu marécageux, mais ça ne fait rien... Je voudrais vous montrer... L'aspect de ce pays est si particulier, n'est-ce pas ? » Il me quitte soudain, bondit sur le talus, disparaît un moment sous les arbres. J'aperçois, non loin, à travers les branches, une petite fenêtre éclairée. Déjà, il m'a rejoint : — « Je regardais si le ruisseau déborde... Venez, que je vous fasse voir notre village... » Mais, avant d'atteindre les premières maisons, il fait demi-tour, et s'élance à travers champs : — « Rentrons par là... » Il me précède, à grandes enjambées ; j'ai peine à le suivre. Nous atteignons un chemin encaissé, bordé de haies. Il accélère le pas. J'enfonce jusqu'aux chevilles dans les ornières ; je suis en sueur, trempé de pluie. J'entends, devant moi, dans l'obscurité, sa voix amicale : — « C'est beau, n'est-ce pas ? Ça vaut bien qu'on patauge un peu... » La nuit est opaque, le paysage invisible. Il va toujours, il court presque. Brusquement, il s'arrête. Par un affaissement du remblai, je vois briller une lumière à travers les arbres. — « Allons jusque là, voulez-vous ? » Il tourne à droite, s'engage précipitamment dans une sente boueuse. Est-ce cette masure éclairée qu'il cherchait à voir, tout à l'heure, du haut du talus ? Est-ce pour revenir là que nous avons fait cet infernal détour ?

C'est une sorte de grange, dont le toit de chaume délabré se découpe sur la pâleur du ciel. Il pousse la porte. Un intérieur repoussant. Assis à une table couverte d'épluchures et sur laquelle clignote un quinquet, j'aperçois un gamin rachitique, de dix ou onze ans, penché sur un livre. En face, debout, le ventre en avant, une fille courtaude, en haillons, sale, le cheveu pauvre, l'œil globuleux, l'air hébété, pèle des pommes de terre. Elle est enceinte d'au moins six mois. Quel âge ? Quinze ans, ou vingt, ou vingt-cinq ? Sur le sol battu, deux paillasses, deux amas de loques, où rampent trois marmots morveux, dont le dernier n'a pas un an. Gide est allé droit jusqu'auprès du gosse ; il lui flatte la tête, comme à un jeune chien : — « Bonjour... Tu travailles, Barnabé ? Montre voir... Attends, je prends mes lunettes... Ah, le système décimal !... Difficile, hein ?... Bien, bien... Très bien... Nous passions sur le chemin, mon ami et moi... Nous sommes venus vous faire une petite visite... Le père n'est pas rentré ?... Bien, bien... Et les petits, toujours la gourme ?... » L'enfant n'a pas levé les yeux ; il me regarde en dessous, et ne répond pas. La sœur, à peine, avec un sourire niais : — « Oui, m'sieu... »

Nous repartons dans le vent mouillé, dans la nuit. Gide marche près de moi, sans hâte, en silence.

— « Vous voyez », murmure-t-il enfin. « Bien curieux, n'est-ce pas ?... La plus sordide misère... Il est charmant, ce Barnabé, vous ne trouvez pas ?... Mais ils sont tous dévorés de vermine... La mère est morte, tuberculeuse, il y a longtemps... Le père travaille aux fermes. Il gagne bien sa vie, mais il boit. Jamais un sou dans la maison. Ma femme leur donne un secours, trois fois par semaine... On dit que le père couche avec la fille, cette idiote, vous avez vu ? Elle est bègue... Et encore une fois enceinte, semble-t-il ? Je ne sais pas si ma femme le sait... Il est gentil, ce gamin, il a un pauvre petit visage fripé, maladif... Vous avez là un échantillon du pays !... Des familles comme celle-là, j'en connais plus d'une demi-douzaine... Quand ma femme apporte du linge, un vêtement, deux jours après tout est souillé, déchiré... Rien à faire... Incurable !... Malgré tout, il est très attachant, ce petit Barnabé ! »

Il se tait de nouveau, jusqu'à la maison.

Mais avant de pousser la barrière du jardin, il se tourne vers moi, en riant :

— « Devinez quel sobriquet on m'a

donné dans le village ? Je m'en suis aperçu, — oh, il y a au moins dix ans... J'arrivais de Criquetot à bicyclette. Au début des vacances. Je suis passé devant l'école juste à l'heure de la sortie des classes. Alors j'ai vu toutes les fillettes rire, et s'appeler entre elles en me montrant du doigt : — « Oh, regardez... V'là l'*Idiot* qu'est revenu ! » Il glousse de joie : — « Oui, cher, tout le village m'a surnommé l'*Idiot* ! Cela m'enchante ! Est-ce assez Dostoïevski[1] ! »

---

1. L'hilarité de Gide est très particulière. Il ignore le franc fou-rire. Mais, lorsqu'il conte une histoire dont la saveur ou la cocasserie le met en joie, sa voix prend un invraisemblable ton de fausset, s'élève jusqu'à un timbre suraigu, puis s'étrangle soudain dans un glou-glou mouillé ; alors, les joues se gonflent d'une salivation anormale ; la lèvre inférieure s'abaisse, pointe en avant, s'ouvre comme une petite vasque humide, tandis que, dans la fente des paupières bridées, le regard ricur, à peine visible, se fixe sur l'interlocuteur avec une expression de curiosité et de jubilation intenses.

NOTES SUR ANDRÉ GIDE

★

Janvier, 1924.

Gide : — « Pas de jour, presque pas d'heure, en ce moment, où je ne songe à ma mort. Sans nul romantisme, d'ailleurs : le sentiment d'une *évidence*... Partout, en visite, dans mon bain, dans une pâtisserie, sur la banquette d'un autobus, subitement l'idée me prend : « Et si je mourais là ? » Quelquefois, je pense : « Là, ce serait bien. » Mais, en général : « Ah, non, pas ici ! » Et je file ailleurs... Cette obsession ne me trouble aucunement, mais accélère mon goût à vivre, m'incite encore davantage à échapper aux importuns, à fuir ce qui encombre, ce qui limite... — à refuser, maintenant, tout ce qui n'est pas du temps employé *à mes fins.* »

★

« J'aime tout, et je ne déteste qu'une chose : l'emprisonnement irrémédiable de mon être dans une forme arbitraire, même choisie par moi. »

AMIEL.

★

Mars, 1924.

Séjour avec Gide dans le Var, à la Bastide. Atmosphère salubre et amicale. Gide ne m'a jamais paru plus simplement heureux, plus gai.

La maison est pleine : faute de place, nous logeons dans la même chambre. Le matin, le soir, de lit à lit, interminables bavardages. Il rit de mes manies ; moi, des siennes. Ainsi, j'ai découvert que pour dormir il s'affuble d'une sorte de lévite blanche, épaisse, cotonneuse, dont la jupe lui descend jusqu'aux chevilles comme un pagne de boulanger ; et il s'enroule autour de la taille, aussi serrée qu'il peut, comprimant le diaphragme, une large écharpe de trois mètres de long, en soie noire ! Il ressemble à quelque funèbre mamamouchi...

Amusant, de le surprendre jouant avec sa fille, — ou plutôt, patiemment penché, avec la curiosité de l'entomologiste, vers ce bébé de dix mois qui se traîne et se trémousse sur le tapis. Il ne s'intéresse qu'à la spontanéité de l'enfant, à ses réflexes, aux moindres indices qui révèlent les premiers instincts de ce petit être précoce, au regard lumineux, attentif, qui baisse bizarrement la tête pour dissimuler son sourire, et qui, déjà, convoite avec une telle intensité les objets hors de son atteinte, que les poings se crispent, que les mains tremblent, s'agitent, se tendent éperdument, que tout le corps se soulève et frémit dans une sorte de délire intérieur. Gide est au comble du ravissement : il ne se lasse pas du spectacle de ces transes. Il ne veut surtout pas qu'on rapproche de la petite l'objet désiré. Quoi qu'elle fasse, il interdit qu'on intervienne. Il se fâche presque : — « Ah, laissez, voyons ! C'est très curieux ! Laissez-la faire... *Pour voir...* »

★

1924.

Son besoin d'utiliser chaque instant.

Ce poète, cet indépendant, ce sensuel : le contraire d'un flâneur. Pas une minute de sa journée, pas un moment de ses insomnies, où la pensée soit en vacance, où le cerveau cesse de produire de la matière à livres... *Homme de lettres*, du matin au soir. Même dans le plaisir, même dans l'amour... La plus fugitive impression est aussitôt captée, traduite en style gidien, condensée en une formule marquée de son sceau, prête à *servir*. Le seul but de sa vie : l'enrichissement de l'œuvre ; (ou de l'homme, mais de l'homme *pour* l'œuvre). Il paraît s'enivrer de joies « gratuites », se gorger du suc des fleurs. Regardez mieux : il ne butine jamais sans rapporter du miel à sa ruche.

★

Décembre, 1924.

Auprès de Gide, dans la maison de santé de Reuilly[1].

Jamais encore il n'a été opéré. A tort

---

1. Crise d'appendicite aiguë, nécessitant une opération immédiate.

ou à raison, et bien qu'il souffre peu, il est persuadé qu'il n'en reviendra pas. Je l'ai trouvé couché, immobile, une poche de glace sur le ventre. Le visage est pâli, étrangement jeune, embelli ; le regard est très clair, très pur ; aux lèvres, un sourire d'enfant sage. Il ne m'a parlé que de son testament, de ses dernières volontés. Quand il raisonne, il sait bien qu'il n'est pas fatalement condamné ; mais, pensée et corps, tout son être, malgré lui, se prépare à mourir. Il s'étonne lui-même d'accepter la mort aussi paisiblement.

— « C'est, me dit-il, que je suis *mort* il y a quelques années, quand j'ai découvert que ma femme avait brûlé toutes mes lettres pour mieux se détacher de moi, me rayer de sa vie... Cher, quand on a souffert ce que j'ai souffert alors, le reste n'est plus rien... »

Et, après un silence :

— « Je pense à elle, sans cesse. Elle ne le saura jamais... »

★

1925.

Je relis les *Cahiers* d'André Walter.

Dès 1887, à dix-huit ans, il écrivait déjà :

« Pour moi, je n'ai pas un désir que toute mon âme n'en soit ébranlée... »

Et ceci, adressé à Emmanuèle, et qu'elle a pu lire — qu'elle a certainement lu — peu d'années avant le mariage :

... « *Je ne te désire pas. Ton corps me gêne, et les possessions charnelles m'épouvantent.* »

★

« Je n'appelle pas bonté », écrit Benjamin Constant à la fin d'*Adolphe*, « cette pitié passagère qui ne subjugue point l'impatience, et ne l'empêche point de rouvrir les blessures qu'un moment de regret avait fermées. *La grande question dans la vie, c'est la douleur que l'on cause,* et la métaphysique la plus ingénieuse ne justifie pas l'homme qui a déchiré le cœur qui l'aimait. »

★

Juin, 1926.

Je reviens de Paris où je suis allé passer quelques jours pour revoir Gide, retour du Congo.

Suis arrivé lundi matin villa Montmorency. La porte entr'ouverte. Le grand vestibule désert, poussiéreux, encombré comme un dépôt de bagages par tous les colis de l'expédition, vingt cantines en fer rouillé, autant de caisses, de ballots, d'étranges paquets cabossés, tachés de boue, exhalant une odeur douceâtre et forte...

Je crie à la cantonade : — « Allo ! » Une voix éloignée répond : — « Allo ! » Il accourt, me serre dans ses bras. Il porte une veste d'un beige très clair, laineuse, flottante, et, autour du cou, un madras à fond rouge, qui lui fait un teint blême. Il me paraît assez changé, les traits tendus et las, le regard fuyant ; mais je parviens mal à l'examiner ; il me dérobe sans cesse son visage. Est-ce l'émotion qui le rend timide ? Il m'entraîne dans la salle à manger, où les restes du petit déjeuner encombrent encore la table. Il se met à enlever le couvert. Et comme je dis : — « Mais laissez-moi un peu vous regarder, voyons... », il me répond, en me tendant une extrémité de la nappe : — « Voulez-vous m'aider à plier ça, cher ? »

Un feu de bois, malgré la saison, entretient une température de serre dans la pièce où il vit depuis son retour, frileusement pelotonné sous le manteau de la vaste cheminée, sur une chaise basse, près d'une petite table couverte de lettres et d'articles de presse. Pas un livre. A même le sol, à portée de la main, un haut tas de bûches, qu'il a montées lui-même de la cave et entassées sur des journaux.

Il me fait asseoir, et, tout de suite, comme si nous nous étions quittés la veille, il se met à parler, — non pas de sa traversée, ni du Congo, ni du Tchad, ni de la forêt équatoriale, ni de son séjour auprès de Marcel de Coppet — mais uniquement de la vie littéraire parisienne, des potins qui circulent dans le milieu de la *N. R. F.*, de certaines accusations portées contre lui, des articles de critique parus sur ses *Faux-Monnayeurs* et dont il est impatient de relever les inexactitudes, les interprétations fallacieuses, les allusions désobligeantes. Je pensais qu'il reviendrait d'Afrique comme s'il descendait de Sirius, qu'il lui faudrait plusieurs mois pour se remettre au niveau de la petite histoire contemporaine... Suis un peu déçu de le voir épouser si vite, avec tant de chaleur, ces querelles de boutiques, ces discussions de presse... Il est nerveux, s'agite sans cesse, se lève, se rassied, allume une cigarette, l'éteint, la repose, la rallume, noue et dénoue son foulard, se penche pour tisonner le feu. Je sens, à son timbre, que cette fébrilité maladive le met sans cesse au bord de l'irritation. Je propose d'écourter ma visite. Il me retient. Et, — toujours sans m'interroger ni se laisser questionner — il aborde enfin la grande affaire qui l'obsède : son rapport sur les injustices et les abus qu'il a découverts là-bas. Le voilà lancé : il met en cause tout le problème de la colonisation, série les questions, rassemble les arguments, s'anime, élève la voix. Je remarque qu'il a pris un ton inaccoutumé, solennel, éloquent, persuasif ; il emploie des formules d'un tour oratoire : « Certes, ce n'est pas que je prétende... » « Je crois avoir amplement démontré... » « Mais, vous m'objecterez peut-être que... » Il a dû s'en apercevoir, car il s'interrompt, en souriant : — « Je ne vous ennuie pas, cher ?

C'est que, je vais vous dire : cela m'est très utile... C'est comme un premier brouillon que je fais là, devant vous... »

(Je note aussi ce trait, qui montre à quel point sa sensibilité a été ébranlée par les fatigues du voyage de retour. A un moment, il ouvre un dossier et commence à me lire un rapport officiel, *daté de 1902*, où se trouve décrit l'état misérable de je ne sais plus quelle tribu indigène, décimée par la famine, ruinée par l'impôt et le portage. Il arrive à un passage que je reconstitue de mémoire : « Abandonnant leurs villages et leurs terres incultes, les hordes de fuyards se réfugient dans la brousse, s'y nourrissent de racines... » Là, il s'arrête net, étranglé par l'émotion. Par deux fois, il avale sa salive, s'essuie les yeux, fait un effort pour se ressaisir, pour reprendre sa lecture ; mais, ne pouvant refouler ses sanglots, il me tend le feuillet, balbutie : « Lisez... Je ne peux pas... », se lève en titubant et se sauve dans une autre pièce. Resté seul, je lis la phrase qui l'a si fort bouleversé. La voici textuellement : « ... et sont tous décimés par une épidémie de fièvre récurrente. »

Or, ces faits se sont passés en 1902, il y a donc vingt-quatre ans...)

★

Ne pourrait-on pas appliquer aux *Nourritures* ce que Sainte-Beuve dit quelque part de ces livres « utiles », mais qui « n'ont qu'un temps » parce que « les générations qui en profitent, les usent » ?

★

« Ne jamais confondre le véritable homme qui a fait l'ouvrage, avec l'homme que l'ouvrage fait supposer. »

P. Valéry, *Variété.*

★

1928.

Son entourage le gâte par trop de complaisances. Il ne tient plus aucun compte des occupations, des désirs, des tracas, des goûts d'autrui. Il a grand'peine à comprendre qu'on ne soit pas à tous moments disponible, — ce qui signifie : prêt, toutes affaires cessantes, à se mettre à son entière disposition ; prêt, non seulement à lui faire visite, mais à partager, pendant une demi-journée, sa vie, son travail, ses plaisirs, ses repas ; prêt à assumer ses moindres soucis du jour ; prêt à parler des sujets qui l'obsèdent, à l'exclusion de tous autres ; prêt à rire s'il est disposé à s'amuser ; à s'indigner, s'il a quelque motif de contrariété ou de dépit ; prêt à feuilleter patiemment des journaux et des revues pendant le temps qu'il fait sa sieste ; prêt à lire les lettres qu'il vient de recevoir, et à discuter avec lui des réponses qu'il a préparées ; prêt à poursuivre avec lui la lecture qu'il a commencée ; prêt à l'accompagner dehors, s'il lui prend fantaisie d'aller visiter une exposition, voir un film, ou faire une course... Jamais plus affectueux que lorsqu'il veut, à toute force, vous retenir : — « Non, ne partez pas, cher ! Nous avons encore tant de choses à nous dire !... Allumez une pipe, et suivez-moi : il faut absolument que je me rase. » Il me traînerait jusque dans le cabinet de toilette pour assister à la cérémonie de la barbe, si je ne m'esquivais pendant qu'il a le dos tourné.

. . . .

(Comme je suis injuste ! Et honteux d'avoir cédé à ce moment d'humeur ! Ai-je jamais passé une heure auprès de lui sans en revenir enrichi ? Dans ses jours les plus tyranniques, il trouve vingt occasions de donner beaucoup plus qu'il n'exige ! Il anime tout ce qu'il touche. Sa conversation est comparable au geste du semeur : un éparpillement de graines rares, qui ne demandent qu'à germer[1].)

★

1928.

Je désapprouve cette susceptibilité qui, maintenant, le fait se rebiffer, non seulement aux attaques, mais à la moindre inexactitude d'un critique, à la moindre interprétation qu'il juge désobligeante ou erronée...

Après avoir été inconnu, méconnu, pendant plus de trente ans, et l'avoir supporté avec un bel orgueil résigné et silencieux, il ne résiste pas à la tentation de prendre enfin sa revanche. Il en vient

---

[1]. Une amie commune me disait : « Ne souhaitons pas qu'il se corrige du moindre de ses travers ; il perdrait toutes ses qualités, du même coup ! »

à remplir du bruit de ses revendications, de ses petites polémiques, les trop sonores coulisses du petit monde des lettres. Ah, que je souhaiterais le voir plus détaché, plus indifférent !

(Il cède aussi à cette préoccupation de l'image qu'il souhaite laisser de lui. Il veut la dessiner lui-même, et l'imposer. Je crains bien que ce ne soit peine perdue : on ne fait pas soi-même sa toilette mortuaire...)

★

1931.

Dans les *Nouvelles Littéraires* du 7 mars, André Suarès écrit à propos de Gœthe :
« Il n'a que faire d'un homme, en reconnût-il le mérite, s'il n'en peut rien tirer pour son propre accroissement[1]. »

---

1. « ... ou pour son plaisir », ajouterais-je, si je voulais appliquer ce jugement à Gide.

NOTES SUR ANDRÉ GIDE

★

1931.

« *Pathologique* n'a de sens que pour l'improductif », écrit Stefan Zweig. Ce que, dans sa préface à « Amok », Romain Rolland commente ainsi : « Partout où l'anormal est un principe de force, une source de création, il n'est pas anormal, il est supra-normal. »

★

30 Juillet, 1931.

Je trouve Gide bouleversé. Il me montre une brochure où il est accusé de « pervertir la jeunesse ». Rien ne l'émeut, ne l'indigne, ne le désespère davantage.

— « Pervertir la jeunesse !... On sait bien, d'ailleurs, ce que les gens « normaux » entendent par là ! Ce qu'ils supposent toujours !... Eux, quand ils courent après une femme, c'est pour la posséder : en conséquence, rechercher l'amour d'un garçon, c'est évidemment vouloir abuser de lui. Leur imagination ne va pas plus loin ! « Pervertir la jeunesse », cela veut dire, en clair : *faire de jeunes invertis*, profiter de leur complaisance, de leur passivité... Comment me défendrais-je, comment leur persuaderais-je que, en ce qui me concerne — et je ne suis pas une exception — rien n'est plus faux ? Ils me riraient au nez si je leur affirmais que jamais, jamais...

« Ah, si je pouvais tout dire, faire état d'expériences précises, donner des exemples, on verrait à quel point leurs accusations sont injustes ! Que de fois j'ai été retenu par le respect que m'inspire un être jeune ! J'ai souvent attendu des mois avant d'accepter une tendresse qui s'offrait... Pervertir la jeunesse ! Comme si l'initiation à la volupté était, en soi, un acte de perversion ! C'est, en général, tout le contraire ! On oublie, ou plutôt on ignore ce qui accompagne ces caresses, dans quelle atmosphère de confiance, de loyauté, de noble émulation, naissent et se développent ces sortes d'amitié !... Croyez-moi, cher ! Je puis me rendre cette justice : sur les jeunes qui sont venus à moi, mon influence a toujours été utile et salubre. Oui, ce n'est pas un paradoxe : mon rôle a toujours été moralisateur. Toujours, j'ai cherché à éveiller ou à développer leur conscience ; toujours, j'ai réussi à exalter en eux ce qu'ils avaient de meilleur ! Combien de garçons, engagés déjà sur de mauvaises pentes, ai-je ramenés dans le droit chemin, qui, sans moi, se seraient abandonnés à leurs instincts les plus vils, et se seraient définitivement dévoyés ! Combien de révoltés, de paresseux, d'hypocrites, de menteurs, ont écouté mes conseils, et pris goût au travail, à la droiture, à l'ordre, à la beauté !

Grâce, justement, à cette réciproque attirance, cette réciproque tendresse... Mais comment faire comprendre cela ? »

Il cite des noms, décrit des cas, multiplie les exemples. S'enfiévrant peu à peu, il m'expose à nouveau ses idées, fait l'éloge de ce qu'il appelle « l'amour grec ». Rien, selon lui, ne peut, dans les troubles années de l'adolescence, remplacer l'influence bienfaisante d'une liaison à la fois charnelle, intellectuelle et morale, avec un aîné digne de confiance et d'amour. Rien autant que les révélations d'un camarade plus âgé ne peut aider l'enfant à franchir, sans dommage, dans une atmosphère de mâle et de fraternelle ferveur, le seuil redoutable de la puberté. Seule, une telle initiation est capable de le détourner des pernicieuses tentations du trottoir, de lui épargner l'avilissante — et dangereuse — découverte du plaisir « sur le lit d'une prostituée »... (Gide a gardé de son éducation puritaine une terreur panique des maladies « vénériennes » !)

NOTES SUR ANDRÉ GIDE

★

1ᵉʳ Juillet, 1932.

Retrouvé Gide à Cassis-sur-Mer, où il était venu m'attendre.

Il vit avec l'idée de sa mort ; c'est le fond de ses pensées, le leit-motiv de ses propos : — « Non pas que je souhaite mourir, cher... Mais, bien souvent, je voudrais ne plus être. »

Je le pousse à s'expliquer davantage. Il évoque l'évolution rapide du monde, des idées, des institutions. Il avoue qu'il a du mal à suivre, qu'il se sent un peu « dépassé ». Les progrès sociaux qu'il appelle de tous ses vœux, il sait bien qu'il ne vivra pas assez pour les voir réalisés ; et cette certitude contribue à le détacher de la vie. Il ajoute, après un silence : — « C'est pour cela que je m'engage aussi à fond, aussi *imprudemment* (sic) dans le communisme...[1] »

2 Juillet.

Ce matin, il me parle de ses funérailles. Hanté par le désir d'épargner à sa femme de pénibles épreuves, il voudrait qu'elle n'ait pas d'initiatives à prendre, qu'elle n'ait à décider ni le mode, ni le lieu de ses obsèques, qu'elle n'ait pas à s'exposer aux regards de l'assistance. D'ailleurs, il souhaiterait que la cérémonie n'ait d'autres témoins que quelques amis, et qu'il n'y soit prononcé aucun discours.

Il m'interroge longuement sur les procédés, les formalités de l'incinération.

Je lui dis :

— « Que vous importe ? Pourquoi prévoir vous-même et décider d'avance ce qui se passera après vous ? »

---

[1]. Il veut dire, je crois, que s'il avait vingt ans, s'il avait toute une existence à « engager » dans le communisme, sans doute hésiterait-il davantage, sans doute tempérerait-il son élan par plus de circonspection critique. Mais, à son âge, un peu d'aveuglement dans l'adhésion lui paraît de moindre importance.

NOTES SUR ANDRÉ GIDE

Il me répond :

— « *Parce que je veux que tout, à ce moment-là, reste conforme à ma vie. Je ne veux aucune manifestation religieuse. Je veux des obsèques strictement civiles et intimes*[1]. »

★

« Je n'admire pas chez un homme l'excès d'une vertu, si je n'y vois, en même temps, l'excès de la vertu opposée. »

PASCAL.

I. C'est en me rappelant les très fermes déclarations qu'André Gide a souvent faites à ce sujet devant ses amis et devant moi, que je n'ai pu me retenir de protester véhémentement, (avec Jean Schlumberger et quelques autres), le jour de l'inhumation, contre la présence indésirable d'un pasteur, amené du Havre par les soins de la famille pour accueillir le corps au château de Cuverville, lire quelques textes bibliques, rappeler l'élan mystique (et éphémère) du *Numquid et tu*, prendre ensuite la tête du cortège, conduire religieusement le cercueil jusqu'au cimetière, et faire, à voix haute, une prière au bord de la tombe.

Protestation peut-être intempestive vu les circonstances et le lieu... — mais que, sans aucun doute possible, Gide eût approuvée.

★

Février, 1933.

« C'est un génie synthétique ; c'est un génie symphonique », dit Léon Blum, parlant de Jaurès. « C'est un génie dont le caractère est précisément de fondre en lui-même les diversités, les contradictions ; de prendre des notions et des pensées qui, avant lui, semblaient discordantes ou même contraires, et de les fondre dans une espèce d'harmonie vivante. Et cela, il a fallu qu'il le fasse, précisément parce qu'existaient en lui, dans une même harmonie, des tons qui ne sont pour ainsi dire jamais réunis. »

★

1933.

« Quand nous le jugeons, c'est avec des mesures qui ne sont pas faites pour lui », écrit Denise Fontaine (à propos d'un personnage de *Rivages de néant*)... « Nous le voulons bien admettre grand, mais nous voulons que ce soit par les voies ordinaires ! Nous attendons qu'il aille plus loin que nous, mais nous voulons que ce soit par le même chemin ! Nous admirons qu'il soit différent, et nous nous effrayons qu'il ne soit pas notre semblable !...

... « Il porte à exister cette perfection que je n'ai vue chez aucun autre. »

★

1933.

Amusante conversation sur l'opposition de l'art *dorien* et de l'art *ionique,* qui, pour Gide, symbolisent les deux courants éternels de l'art... Parmi les Doriens, il entasse, pêle-mêle, Rabelais, Molière, Corneille, Rude, — et lui-même... (sic). Parmi les Ioniques : Clodion, Carpeaux, Renan, etc... — « Il est vrai », ajoute-t-il, « qu'ils ont aussi Racine... » — « Et Barrès ? » — « Barrès ? Mais, voyons, c'est le type même de l'art ionique ! Il doit à Renan beaucoup plus encore qu'à Chateaubriand... » — « Et Montaigne ? » — « Ah, Montaigne ? Embarrassant ! L'animal, je crois bien qu'il est à cheval sur les deux courants... »

★

Nice. Avril, 1934.

Gide vient de repartir, après être venu passer quelques jours ici pour me lire un long morceau de sa *Geneviève*, écrit à Syracuse, en février.

Il était vaguement enrhumé, un peu maussade... Ce qu'il m'a lu est franchement mal venu. C'est un interminable chapitre qui décrit assez pesamment ce qu'était ce « Foyer franco-belge », auquel, pendant la guerre, assisté de Madame van Rysselberghe et de Charlie du Bos, Gide a consacré, avec une persévérance et un dévouement fort méritoires, trois années de son activité. Excellente occasion pour lui de faire un portrait en pieds de Charlie ; portrait trop appuyé, à la fois véridique et caricatural, un peu féroce, un peu grinçant, assez amusant par endroits, mais qui n'a vraiment pas sa place dans ce livre. En lisant ces pages à haute voix, il en a lui-même senti la lourdeur et l'inopportunité. Poussé par moi, il lui a bien fallu avouer qu'il s'était attelé à ce roman « faute de mieux », parce que, en ce moment, aucun travail ne le sollicitait vraiment. Mais il ne sait pas bien ce qu'il veut mettre dans ce roman. Il a plusieurs esquisses de plans, dont aucun n'est bon ; il ne parvient ni à circonscrire le sujet, ni à inventer une affabulation, ni même à établir les caractères des personnages ; il nage dans le flou...

Ces constatations peu encourageantes ont assombri nos entretiens. Notre amitié a plus de rayonnement, de chaleur, d'efficacité, lorsque nous avons de bonnes raisons d'être satisfaits l'un de l'autre, et que chacun de nous n'est pas trop mécontent de soi. Il est reparti assez désemparé. Il semblait résolu, cette fois, à abandonner ce projet de *Geneviève*, qu'il traîne avec lui depuis des années, et qui ressemble à ces fruits cueillis trop tôt, qui se ratatinent, se momifient, au lieu de mûrir.

En revanche, intéressantes et nombreuses conversations sur les événements, la politique, le communisme. Je me garde de le lui dire, mais je crois déjà sentir chez lui une réaction qui s'ébauche. Il freine un peu. Avec les « camarades », il se laisse souvent déporter au delà des limites qu'il s'était tracées. Avec moi, il ne lâche pas ses rênes, se défie mieux de ses entraînements ; il s'analyse loyalement, et ne cherche pas à me dissimuler — ni à se dissimuler — que, en fait, il est moins assuré dans son communisme qu'on ne le croit, qu'on ne le dit, qu'on ne veut le faire croire dans les milieux militants où on l'attire. Je ne prétends pas insinuer que sa sympathie pour l'expérience russe s'attiédisse, ni que sa confiance dans l'avenir du marxisme soit affaiblie. Mais son sens critique reste trop aiguisé, trop vivace sa répugnance native à tout dogmatisme, trop invétéré son goût de se tenir en équilibre instable, soumis au balancement de plusieurs attractions contradictoires, pour qu'il puisse vivre à l'aise dans un climat de certitude, d'intransigeance et de foi. Il faut que le *Parti* ait été bien confiant, ou bien mal renseigné, lorsqu'il a misé sur Gide... Quelle imprudence d'attacher tant de prix à l'affiliation d'un esprit aussi naturellement inapte à la conviction, toujours ailleurs que là où il semblait s'être fixé la veille ! Je crains fort que, à la longue, et malgré son authentique bonne volonté, il ne déçoive un jour ses nouveaux amis.

★

Renan reprochait à Hugo de ne pas aimer l'Histoire. « Cela crée », disait-il, « une énorme lacune dans ses jugements. »

★

1934.

Je fais allusion à un méchant article où X. a voulu tracer son portrait.

— « Oui », dit-il, en riant : « tous ceux qui ne me connaissent pas m'ont immédiatement reconnu. »

★

1934.

« Esprit *prévenu* », parfois !
Dans les circonstances graves, il fait preuve, en général, d'une conscience méti-

culeuse, d'une courageuse probité. Mais, dans les petites choses, il n'est pas toujours aussi scrupuleux... Capable, par exemple, de porter un jugement sans appel sur un livre qu'il aura ouvert par hasard, et n'aura fait que parcourir. Capable de condamner sans autre examen un périodique qu'il sait animé de tendances opposées aux siennes, d'être injuste envers telle revue dirigée par des catholiques, d'avoir une indulgence préconçue envers telle autre, d'inspiration protestante. Capable de suspecter, sans vérification, tout écrit d'un critique qui l'aura blessé, dix ans plus tôt, par un jugement inique, etc... (Capable aussi, d'ailleurs, d'oublier si totalement une injure, qu'il ira tendre la main, avec le plus affectueux empressement, au cuistre qui, six mois plus tôt, l'aura traîné dans la boue, — et de pouffer de rire sitôt qu'on lui aura fait remarquer sa bévue...)

NOTES SUR ANDRÉ GIDE

★

1937.

— « Devant un élan de lyrisme, je me tiens toujours sur mes gardes... »

— « Beaucoup trop !... Tenez », ajoute-t-il, après une pause, « je crois que si je possède une particularité qui m'appartienne vraiment en propre, c'est de pouvoir m'abandonner au lyrisme le plus éperdu, sans pour cela perdre pied, sans qu'aucunement ma vision des réalités ne s'altère... Oui, sincèrement, je puis affirmer aujourd'hui que ma faculté d'exaltation n'a jamais nui à ma clairvoyance. J'ai ce don — et me persuade en vieillissant qu'il est assez rare — d'allier, dans le même instant, deux états aussi différents, aussi opposés, que la passion et la lucidité ; la fièvre, le délire du lyrisme intérieur, et la froide raison... »

★

« Aimer les femmes intelligentes est un plaisir de pédéraste. »

> Baudelaire
> (*Journaux intimes.*)

★

1937.

Nous sommes quelques-uns à nous demander si, depuis ses *Faux-Monnayeurs*, il ne se serait pas écarté de sa piste... *L'École des femmes*, les *Nouvelles Nourritures* nous laissent insatisfaits.

Son aventure politique met en évidence

son courage, sa générosité naturelle, mais aussi sa légèreté. Il avait découvert *le social* pendant son voyage au Congo. Il en était resté profondément préoccupé. Il a essayé de lire *Le Capital*. (Pendant des mois, il a promené un volume de Marx dans sa poche : il avait l'air de s'être infligé un pensum.) Ce n'est pas par conviction politique, c'est par espoir et ferveur *évangéliques* qu'il a donné dans le communisme. Et c'est par déception *évangélique* qu'il s'en est détourné. Adhésion et retrait trahissent la même candeur...

★

« L'action ne m'intéresse point tant par la sensation qu'elle me donne que par ses suites, son retentissement. Voilà pourquoi, si elle m'intéresse passionnément, je crois qu'elle m'intéresse davantage encore commise par un autre. J'ai peur, comprenez-moi, de m'y compromettre ; je veux dire, de limiter par ce que je fais, ce que je pourrais faire. De penser que, parce que j'ai fait ceci, je ne pourrai plus faire cela, voilà qui me devient intolérable. J'aime mieux faire agir que d'agir. »

A. Gide,
(Conversation avec un Allemand.
N. R. F., août, 1919.)

★

1937.

L'indiscrétion de Gide.

Je constate avec mélancolie que les rapports de Gide avec ses intimes tendent à devenir unilatéraux. Impossible de lui rendre la confiance qu'il nous témoigne.

NOTES SUR ANDRÉ GIDE

La gêne que nous éprouvons à trouver dans son *Journal* des traces si fréquentes de nos conversations, n'est évidemment pas étrangère à notre réserve ; mais, plus encore, l'irritation (ou les embêtements sérieux) que nous causent trop souvent ses perpétuelles indiscrétions auprès des uns et des autres !

★

1937.

Ses manies, ses lubies, deviennent vraiment trop tyranniques...

Il vit penché sur lui-même, tout occupé de ses petites misères. Je ne dis certes pas qu'elles soient feintes, ni qu'il les cultive ; mais il en exagère l'importance ; il en souffre plus que de raison, et il en fait souffrir son entourage. C'est exact qu'il a des insomnies, et qu'il a besoin, après son déjeuner, de faire, comme il dit, son « napping » ; mais, pour cette sieste, a-t-il vraiment besoin d'essayer l'un après l'autre tous les lits et divans à sa portée ? et d'exiger un tel silence autour de lui, qu'il paralysera pendant plus d'une heure toute la vie de la maisonnée ?... C'est exact qu'il doit ménager son foie ; mais ce lui est un prétexte, à table, pour arrêter la conversation, et s'attarder à de graves, subtiles et insipides digressions sur la qualité de chaque plat, qui doit être, à la fois, de digestion aisée et délicieusement flatteur au goût, — car il est gourmet comme une chatte... C'est exact qu'il est sujet aux rhumes, aux laryngites, et qu'il doit prendre soin d'éviter les différences de température. Mais cette prudence a dégénéré en une véritable obsession, qui le fait se couvrir avec excès par peur d'un refroidissement, puis se découvrir intempestivement par crainte de transpirer, de sorte qu'il ne cesse de mettre, d'enlever, de remettre, ses multiples gilets, tricots, foulards, guêtres et mitaines, ou de s'entortiller les jambes dans l'un des plaids ou manteaux de rechange qu'il traîne toujours avec lui... Au cinéma, il est constant qu'il change trois ou quatre fois de place au cours de la séance, pour s'éloigner d'un radiateur, ou au contraire s'en rapprocher ; ou pour fuir la proximité de quelque porte de secours, qui, si elle s'ouvrait éventuellement, pourrait donner passage à un insidieux vent-coulis. Je me souviens d'un jour, où, pendant la projection d'un film, au Cinéma Récamier, il m'a emprunté un mouchoir ; la lumière revenue, quelle n'a pas été ma surprise de retrouver mon mouchoir, noué aux quatre coins, et transformé en serre-tête, au grand amusement des voisins. Un autre jour, à Nice, dans le noir, il m'a glissé à l'oreille qu'il avait eu la fâcheuse précaution de se munir de deux caleçons superposés : — « Si seulement vous consentiez à m'aider un tant soit peu, cher... A la faveur de l'obscurité, peut-être ne serait il pas impossible, très discrètement... »

J'ai dû le menacer de le planter là s'il
persévérait une seconde de plus dans
l'intention saugrenue de se déculotter en
tapinois...

Hélas, j'ai cette faiblesse de souffrir du
« qu'en dira-t-on »... Sortir avec lui, maintenant, c'est s'exposer à devenir le point
de mire de la curiosité générale ; un sup-
plice... Chez lui, seul à seul, ce n'est pas
assez dire que je supporte ses manies ;
elles m'amusent, je l'en taquine, nous en
plaisantons, il en rit avec moi. Elles introduisent dans nos causeries un divertisse-
ment rituel, de joyeux entr'actes. (Je le
vois soudain tirer sur ses manches : il
toussote, se racle la gorge ; il n'écoute
plus ; le regard devient inquiet, fureteur : — « Vous cherchez vos mitaines ?
Elles sont tombées là, dans les plis du
châle... » Je les lui tends ; le voilà rassé-
réné, et la conversation rebondit de plus
belle.)

NOTES SUR ANDRÉ GIDE

★

1937.

*Il y a d'assez belles choses...
C'est dommage qu'il ne les ait
pas dites le premier.*

Diderot (*Neveu de Rameau*).

Se défier des « stylistes » ! Pour tromper sur l'originalité de leur pensée, pour habiller de neuf et rendre méconnaissables des idées qu'on a souvent rencontrées ailleurs, ils n'ont pas leurs pareils !

Chez Gide, ce travestissement est double, et s'opère en deux temps, ce qui le rend spécialement difficile à démasquer.

Il y a d'abord la démarche, si naturellement insolite, de son esprit : il ne peut jamais penser tout droit ; il faut qu'il aborde toujours les idées *de biais*. (De *son* biais, je l'accorde, et cela constitue déjà une originalité ; mais, ne pas confondre l'originalité de l'itinéraire et l'originalité du but : prendre un chemin détourné, inhabituel, pour atteindre un point connu, ce n'est pas explorer un pays neuf...) Cette disposition innée de son cerveau lui a, de toute évidence, fait faire d'inappréciables découvertes ; pas à tous les coups, toutefois. Et lorsque, par l'effet d'une réminiscence involontaire, elle s'exerce sur du déjà dit, elle donne simplement à la pensée rebattue que Gide fait sienne une trompeuse apparence de nouveauté. (De même, la camera, rien qu'en modifiant l'angle sous lequel nous sommes accoutumés à regarder un objet usuel, nous offre de cet objet une image si différente de notre vision ordinaire, que, d'abord, nous ne le reconnaissons pas.)

Il y a ensuite la magie de son style. Ce virtuose est passé maître dans l'art de prêter, par le choix des mots, leur place, les particularités de sa syntaxe, etc..., un tour personnel à des idées rien moins qu'inédites... Et, lorsqu'il a paré quelque lieu-commun des grâces de son écriture, il faut une certaine circonspection pour ne pas s'y laisser prendre.

(Aucune supercherie dans tout cela, il va sans dire. Gide est parfaitement innocent, et n'a jamais la moindre intention de donner le change. Il est d'ailleurs sa première dupe : j'ai constaté maintes fois que, même prévenu, il parvient difficilement à faire une différence entre les pensées personnelles, foncièrement originales, — qu'il a émises en grand nombre — et les banalités sur la morale, la religion, ou la politique, que, par sa façon de les présenter, il a simplement *gidisées*[1].)

1. Ne pas sous-estimer, malgré tout, l'importance du *tour personnel*... En fait, un « lieu-commun » ne traverse pas l'esprit subtil d'un Gide sans s'y transformer, s'y accroître d'apports originaux. En « gidisant » une vérité plus ou moins courante, il fait plus que d'y marquer son sceau : il l'enrichit de nuances particulières qui la dépouillent d'une partie de sa banalité ; il la présente sous une perspective neuve qui en renouvelle l'aspect, et souvent en modifie le sens ; surtout, il la condense en une formule savoureuse, saisissante, qui la consacre, pour ainsi dire, définitivement. La pièce usée qui circulait de mains en mains,

NOTES SUR ANDRÉ GIDE

★

Lu dans l'*Ethel Andergast* de Wassermann :

« Je crois que Kerkhoven ne possédait qu'à un faible degré la faculté de définir et d'analyser ; et c'était là un défaut, non seulement de son intellect, mais aussi de son caractère... Il avait peu d'idées, il n'avait que des intuitions. Jamais un problème ne captivait cérébralement sa curiosité ; mais, dès l'instant qu'il s'y intéressait, son être s'y donnait sans réserve. »

refondue entre les siennes, a pris la frappe inaltérable d'une médaille.

C'est peut-être là une des missions du styliste. Qui sait si nous n'attribuons pas à tel ou tel grand esprit du passé la paternité de pensées qu'il n'a pas découvertes, qui flottaient dans l'air de son temps, et que son génie, en les exprimant sous une forme parfaite, à seulement fixées pour toujours ? — (1951)

★

Septembre, 1937.

Décade de Pontigny.

Gide n'a pas tenu sa place, dans cette décade. Les jeunes se détournent de ce vieillard. Les moins irrespectueux le révèrent encore, mais comme une pièce de musée. L'un d'eux, avec le cynisme utilitaire de la nouvelle couvée, me disait : « Nous n'avons rien à apprendre de lui. »

C'est bien sa faute. A de rares exceptions près, il n'a plus guère d'accueil : il ne se soucie pas beaucoup de regarder, de comprendre, ceux que les circonstances mettent sur son chemin. Exclusivement obsédé par quelques problèmes, il néglige les gens qui ne peuvent l'entretenir de ses préoccupations essentielles. Le plus regrettable, c'est qu'il a pris maintenant l'absurde habitude de vouloir dissimuler cette indifférence sous un masque d'extrême *gravité*, tout à fait intempestive, qui attire l'attention sur lui, déconcerte et prête à la raillerie.

Je suis résolu à lui en parler sans ménagements. Ce travers est ridicule, et comme il est heureusement tout superficiel, Gide peut et doit s'en corriger au plus tôt.

Durant ces dix jours, j'ai bien observé son attitude en public. J'ai surpris aussi les réactions des uns et des autres. Certains, déjà, l'accusent de jouer au « pontife ». Rien n'est plus faux, plus injuste. Personne moins que lui n'est porté à se prendre sottement au sérieux ; ses intimes savent bien que ces airs importants qu'il se donne ne sont pas autre chose qu'une contenance ; qu'il est resté aussi simple qu'autrefois ; et modeste ; et doutant de lui. Justement, c'est parce qu'il doute de lui, qu'il en est venu à camoufler, sous une apparente *gravité*, cette timidité qu'il sent peu conforme à son âge et à sa situation. Le vrai est que, sur nombre de questions, il n'a rien à dire ; rien, du moins, qui lui paraisse neuf, piquant, personnel ; mais il craint de le laisser voir. Alors, il a adopté ce subterfuge facile : il s'enveloppe de sérieux, il se cache derrière un écran de *gravité* : il feint d'écouter ce qu'on dit avec une attention pensive, et se borne à secouer longuement la tête, de haut en bas, semblant ainsi laisser entendre que la discussion est pour lui d'un intérêt si capital qu'il ne saurait y prendre part à la légère ; que le problème posé touche au centre même de ses préoccupations, et soulève en lui un monde de cogitations d'une complexité inexprimable... Cette mimique de vieux bonze qui branle du chef est d'un comique désespérant. Je me hâte de dire qu'elle n'est ni consciente, ni tout à fait délibérée. Ce n'est rien de plus pour Gide qu'un moyen de se tenir hors du jeu, sans désobliger personne et sans courir le risque de dire des banalités.

Ici — et je ne crois pas me tromper — j'incrimine sa récente embardée politique.

On l'a traîné dans les meetings ; on l'a fait défiler à la tête des cortèges populaires ; on lui a fait présider des congrès, chanter des hymnes révolutionnaires, prononcer des discours devant des milliers de camarades. Il suffit de le connaître un peu pour deviner à quel point il devait se sentir mal à l'aise, au cours de certains débats enflammés, devant ces foules tumultueuses, sous le feu des projecteurs et des cameras ! Il a cherché, du moins, à cacher son désarroi, son incompétence. Quel masque se composer ? De tous temps, la *gravité* lui a été naturelle ; sa physionomie s'y prête aisément, autant que la disposition de son esprit. Par la force des choses, cette attitude a pris un caractère factice : elle est devenue son uniforme des jours d'exhibition... Attitude commode entre toutes ! Songez donc : pour un néophyte que le zèle des partisans a promu un peu trop vite au rang des vedettes, pas de sujet politique, pas de problème technique, aussi embarrassants soient-ils, auxquels on ne puisse honorablement faire face, rien qu'en balançant la tête comme un magot, dans un silence solennel, lourd de méditation[1]...

★

> « *Tibère avoit plus de soing d'estendre sa renommée à l'advenir, qu'il n'avoit de se rendre estimable et agréable aux hommes de son temps.* »
> MONTAIGNE, *II*, 37.

La complexe personnalité de Gide sera d'autant plus difficile à cerner, que, depuis

---

[1]. Cette explication l'avait amusé ; il la jugeait plausible.

(Je crois n'avoir caché à Gide aucune des notes que je publie ici. Je ne lui montrais pas toujours tout de suite les pages le concernant ; mais, un jour ou l'autre, selon l'occasion et l'humeur, je finissais par les lui lire. Jamais il ne m'écoutait plus attentivement. Il aimait surprendre ce que ses amis pensaient de lui ; — et savoir qu'il en resterait trace.)

bien longtemps, tout ce qu'il écrit dans ses carnets, voire dans ses lettres, c'est avec la hantise du jugement qui, « à l'advenir », sera porté sur lui. Tout est plus ou moins intentionnel, — et même les contradictions. Tout concourt à tracer de lui un portrait en pied, non seulement de l'homme qu'il est (et qu'il s'applique à découvrir, à comprendre et à décrire loyalement), mais de l'homme qu'il croit être, et qu'il s'efforce d'être, et qu'il voudrait qu'on pense qu'il a été. Dès qu'il s'est humblement accusé d'une faiblesse, d'un vice de caractère ou d'une faute, il ne résiste pas souvent à la tentation de se disculper aussitôt à l'aide d'explications subtiles. (Que celui qui n'a jamais péché ainsi lui jette la première pierre[1] !)

Il reste que jamais aucun auteur de

---

1. « Je hais cette fatuité d'un esprit qui croit excuser ce qu'il explique ; je hais cette vanité qui s'occupe d'elle-même en racontant le mal qu'elle a fait, qui a la prétention de se faire plaindre en se décrivant, et qui, planant indestructible au milieu des ruines, s'analyse au lieu de se repentir. »

BENJAMIN CONSTANT. (*Adolphe*).

NOTES SUR ANDRÉ GIDE

« Confessions » n'aura mis plus d'astucieuse sincérité à modeler d'avance sa statue, et à en établir solidement le socle...

Ce qui risque, d'ailleurs, d'aller tout à l'encontre de ses souhaits. Pour peu que la postérité flaire dans cette introspection un certain gauchissement de la réalité, il pourrait arriver qu'elle se méfie à l'excès de ce qu'il aura dit sur lui-même, (et qui, dans l'ensemble, reste cependant d'une vérité, d'une clairvoyance, exceptionnelles). Peu capables, à distance, de faire équitablement la distinction entre ce qui est complaisance, coquetterie, et ce qui est véridique, il est à craindre que les futurs historiens de la littérature n'ajoutent foi aux témoignages fielleux de ceux qui auront méconnu Gide, ou l'auront calomnié ; et qu'ils ne rejettent en bloc l'image de lui qu'il aura proposée, pour y substituer une représentation différente, légendaire, et probablement moins exacte.

NOTES SUR ANDRÉ GIDE

★

1938.

On lui reproche d'être oublieux, versatile, ingrat ; de brusquement cesser de voir ceux qu'il a, quelque temps, pris plaisir ou profit à fréquenter. Soyons justes : ce n'est pas par caprice qu'il est inconstant, ni par satiété ou négligence qu'il écarte certaines relations d'hier. Pas d'ami plus attentif, plus patient, plus dévoué, plus fidèle ! Alors ? Eh bien, il fait seulement ce que nous devrions tous faire, de temps à autre : *il révise ses traités d'alliance...*

NOTES SUR ANDRÉ GIDE

★

Bellême. Mai, 1938.

Huit bons jours au Tertre, avec Gide. Plus que jamais proches l'un de l'autre.

La mort de sa femme ne date que de quelques semaines. Il porte sa peine dignement, secrètement, sans pathétique ; mais il déclare lui-même que c'est « le premier *grand* chagrin » de sa vie. Il est comme un amputé convalescent qui fait de patients efforts pour s'accommoder de sa mutilation. Tantôt les souvenirs l'assaillent. Tantôt il oublie son deuil, au point, dit-il, que quand on lui apporte son courrier, il lui arrive machinalement d'y chercher l'écriture de sa femme ; car elle lui écrivait fidèlement plusieurs fois par semaine.

Il m'a longuement entretenu d'elle, de leur passé, ancien et récent. (C'est avec moi, dit-il, qu'il se sent le plus libre de parler d'elle, le plus enclin aux confidences ; et je crois que c'est vrai.) Sans le lui avouer, j'ai été surpris de constater que son regret ne s'aggrave d'aucun sentiment de culpabilité. Nul indice de remords. En fait, il ne se sent en rien fautif, ni aucunement responsable du malheur de cette existence sacrifiée. Il pense : « J'étais ainsi. Elle était ainsi. D'où, de grandes souffrances pour nous deux ; et cela ne pouvait être autrement. »

Sa tristesse est fort adoucie à l'idée que cette fin subite aura épargné à sa femme les épreuves de tous genres auxquelles elle aurait eu à faire face s'il était mort avant elle ; adoucie plus encore par les souvenirs des dernières années, de ses plus fréquents séjours auprès d'elle, de l'atmosphère affectueuse et apaisée qui régnait à Cuverville lorsqu'ils y étaient réunis et seuls. Il y revient sans cesse : il me décrit leurs tête-à-tête, leurs soirées d'hiver au coin du feu, leurs longues lectures à haute voix, leurs attentions réciproques, « l'ineffable tendresse », dit-il, de leurs rapports.

Elle n'a laissé aucun écrit, aucune note intime, aucun message pour lui. Nul ne saura jamais au juste quelle aura été sa croix, ce qu'elle a compris, ce qu'elle a soupçonné, ce qu'elle n'a pas voulu savoir, ce qu'elle a su malgré elle, ce qu'elle a pardonné, ou non. Elle a emporté ses secrets.

Pendant ces huit jours de solitude à deux, nous ne nous sommes, autant dire, pas quittés de dix heures du matin à onze heures du soir. Accord parfait. Je regrette de n'avoir rien consigné de ces interminables causeries. Mais il aurait fallu tout inscrire... Et quand l'aurais-je fait ? Il me laissait, chaque soir, non rassasié, mais las. Et il m'avait apporté tout le manuscrit du tome XV de ses *Œuvres complètes*, presqu'entièrement composé de pages inédites, que je devais lire et annoter avant de m'endormir !...

De mémoire, je ne me risquerais pas à

noter tout ce qu'il m'a dit, sur lui, sur sa vie, sur sa mère, sur son vieillissement, sur nos amis, sur le monde, sur l'avenir, sur le communisme, sur l'Église, sur le Christ, sur certaines singularités linguistiques, — sur mon travail, sur moi. Il faudrait retrouver ses propos, son style, son ton, et les multiples méandres d'une pensée dont les associations sont le plus souvent insaisissables. Pensée qui semble s'abandonner à la plus libre fantaisie, mais qui obéit à des lois secrètes, valables pour elle seule. Gide paraît constamment jouer à cache-cache avec lui-même, et avec celui qui lui donne la réplique. Sa conversation, — coupée de parenthèses, de souvenirs, d'anecdotes, de cocasseries savoureuses — a la gratuité, l'insouciance, d'un jeu : toute en détours et retours, en touches et retouches, en hésitations, en piétinements, avec de brusques élans et de brusques retraits, avec un mélange de pudeur et de cynisme, de réticence et de franchise, d'allusions très voilées et d'imprévus aveux. Tantôt nette comme une ligne droite, tantôt déroutante comme les circonvolutions d'un labyrinthe, elle s'achemine, à regret dirait-on, vers une précision finale, que, manifestement, il vise, mais qu'il ne semble jamais pressé d'atteindre, tant lui plaît de s'attarder dans le clair-obscur, — jusqu'au moment lumineux où tout se résout en quelques formules surprenantes, mais dont on ne saurait dire si c'est l'éclair d'une heureuse inspiration, le hasard d'une trouvaille verbale, ou le fruit de l'expérience, l'aboutissement d'une longue méditation.

De toutes ces heures passées ensemble émerge pourtant un souvenir précis : l'émotion avec laquelle il m'a parlé, le dernier soir, de ce *Minos*[1] qu'il veut écrire, et qui pourrait être le grand œuvre de sa vieillesse : un testament. Onze heures avaient sonné. Il s'était levé de son fauteuil, il arpentait fébrilement la pièce, dans un sursaut d'enthousiasme, avec un

---

[1]. Premier projet du *Thésée*.

regard de visionnaire, transposant à sa façon, d'une voix inspirée, les grands mythes de l'antiquité, les légendes de Pasiphaé, de Deméter, de Thésée ; il était intarissable.

— « Ah, cher, la fable grecque est une mine sans fond, un trésor de vérités éternelles... Comme les Évangiles... Et, comme dans les Évangiles, il est ahurissant de découvrir dans la mythologie le nombre de filons merveilleux qui sont restés inexplorés ! Personne ne semble s'en douter. On n'utilise jamais que les mêmes éléments, on se limite toujours aux mêmes interprétations ; faute d'oser, on passe à côté du plus rare, du plus significatif !... Un exemple : voyons, cher, est-il sujet plus admirable, plus suggestif, que la rencontre de Thésée et d'Œdipe ? cette confrontation bouleversante du jeune bâtisseur orgueilleux, triomphant, avec l'ancien fondateur d'empire, vieux, déchu, aveugle, errant ? Qui s'en est avisé depuis les Grecs ? »

NOTES SUR ANDRÉ GIDE

★

Décembre, 1943.

Ramon Fernandez écrit dans *Itinéraire français* :

« *L'originalité de R. M. G. est d'avoir réuni et organisé dans son œuvre deux courants littéraires qui, jusqu'à lui, ne s'étaient pas rejoints : le courant naturaliste et le courant gidien.* »

C'est là, je crois, une vue de l'esprit ; (et d'un esprit systématique...) ; une de ces idées d'apparence neuve et séduisante, (comme la *Géographie littéraire* de Thibaudet) ; qui ne sont ni tout à fait fausses, ni tout à fait exactes, mais purement arbitraires.

De toute évidence, mon étroite intimité avec Gide, avec sa personne, sa vie, son entourage, a eu pour ma formation intérieure, une importance considérable, dont je n'ai pas cessé, dont je ne cesse pas, de récolter les bienfaits. Toutefois ces avantages sont d'un ordre général. L'exemple et le contact de Gide ont certainement haussé mon échelle des valeurs, accru mes exigences sur la « qualité » de l'œuvre d'art. Mais, pour le détail, pour la conception du roman, pour la composition architecturale (et non symphonique) du plan, pour le choix des sujets, pour la méthode de travail, la technique, nos façons de voir sont irrémédiablement inconciliables. En faisant état d'un « courant gidien », qui serait, selon lui, sensible dans mes livres, Fernandez vise une influence beaucoup plus immédiate et plus déterminée. C'est cela qui me semble peu justifiable. Les critiques, les conseils littéraires de Gide ne sont jamais subjectifs. Loin de chercher à exercer un ascendant « gidien », il s'oublie, il oublie ses propres tendances, pour se mettre dans la peau de celui qui le consulte et l'orienter très objectivement. (Ce qui lui plaît tant, au cours de ces séances de travail en commun, c'est justement, je crois, de se quitter lui-même, de se dédoubler pour endosser momentanément la personnalité d'autrui.) Je me remémore les multiples lectures de manuscrits que je lui ai faites ; jamais je n'ai senti passer, de lui à moi, le moindre « courant gidien ».

Pas même par le truchement de son œuvre. Car, c'est un fait : aucun livre de Gide n'a été pour moi un de ces livres de chevet, sur lesquels on se modèle insensiblement à la suite d'une lente et longue fréquentation. Tolstoï, oui. Tchékov, Ibsen, George Eliot, oui. Et d'autres aussi. Mais Gide, non. Même pas ses *Nourritures* ; ni même son *Journal*.

NOTES SUR ANDRÉ GIDE

★

Paris. Août, 1945.

Je n'avais pas revu Gide depuis trois ans : depuis son départ de Nice pour l'Afrique du Nord, au printemps 42.

Nullement vieilli. Étonnant pour ses soixante-seize ans. Au premier abord, rien de changé. A peine un peu maigri ; toujours souple, alerte, remuant, curieux de tout ; et suroccupé... D'emblée, nous nous retrouvons de plain-pied, comme si nous nous étions quittés la veille.

Malgré tout, à le voir davantage au cours de ces trois dernières semaines, je constate certains changements. L'adulation dont il a été l'objet, tant à Tunis qu'à Alger, a laissé quelques traces. Il est plus que jamais centré sur lui-même. Écouté avec déférence, pendant trois ans, par des amis à sa dévotion et plus jeunes que lui, il a perdu l'habitude du dialogue ; il s'est accoutumé à suivre sa pensée sans qu'on l'interrompe, et à l'exprimer dans un silence approbateur. D'où une certaine assurance, une certaine solennité, qui sont tout à fait nouvelles entre lui et moi. Mes interruptions le déconcertent. Son premier mouvement laisserait même percer un rien d'impatience, s'il ne faisait effort pour la dominer.

Travers de vieillard, travers de grand homme, doublement excusable ; néanmoins je lui savais gré, naguère, d'avoir totalement échappé à ces déformations de l'âge et de la renommée. Elles sont heureusement superficielles, plus apparentes que réelles, et n'atteignent en rien le fond de modestie foncière qui subsiste en lui. J'en ai bien eu la preuve, en le voyant accueillir très simplement, quasi joyeusement, mes remarques sur son *Thésée*, dont il m'avait donné à lire un premier état : j'aimais beaucoup les notes graves ; mais certaines préciosités de style, certains couplets d'une désinvolture, d'une impertinence, appliquées, m'avaient déplu. Le dosage irrévérencieux de pompe et de cynisme, de sérieux et de cocasse, de grandeur lyrique, de noblesse, et de débraillé, si savoureux et suggestif dans son *Œdipe*, me semble, ici, artificiel et un peu forcé. Il n'en a pas convenu, mais a fort allégrement accepté que je le lui dise.

★

Paris. Mai, 1947.

Jamais plus affectueux qu'en ce moment.

Depuis que je suis à Paris, il sait que ma circulation sanguine est défectueuse, que je ménage mes jambes : c'est lui qui se déplace. Contrairement à ses habitudes, il sort le soir après dîner, vient sonner ses trois coups à ma porte : — « Je ne vous dérange pas, cher ? Vous me le diriez n'est-ce pas ? » Il s'installe. Je lui fais son infusion d'oranger. Nous bavardons. Vers onze heures, il reprend le petit volume de l'*Énéide* qu'il promène partout avec lui, et rentre se coucher. Je l'imagine, regagnant son Vaneau à petits pas, et, (comme souvent je l'ai vu faire) s'arrêtant de temps à autre sous un réverbère pour déchiffrer un distique, dont il rumine et pourlèche la traduction en marchant.

Hier, il m'a lu l'allocution qu'il a préparée pour sa réception de « doctor honoris causa » à l'Université d'Oxford. Texte d'une forme raffinée, mais, hélas, d'une banalité de pensée manifeste... Je le lui fais observer, non sans quelques ménagements. Il le reconnaît, de bonne grâce. Mais, cette fois, je regrette ma franchise : — « Parbleu », s'écrie-t-il, « vous n'avez que trop raison, cher ! Je suis absurde de m'obstiner à ce pensum. Dès demain, je vais télégraphier qu'on ne compte pas sur moi... Je renonce au titre ! »

J'espère qu'il se ravisera. Je suppose

qu'avant d'envoyer sa dépêche, il relira une dernière fois son discours, fera chanter ses phrases, se délectera des grâces du style, oubliera mes critiques, et ne résistera pas à la tentation du voyage, à la curiosité de la cérémonie, à l'amusement de s'affubler d'une toge et d'un bonnet carré[1]...

★

1948.

Qu'on le reconnaisse ou non dès aujourd'hui, la valeur, la puissance de rayonnement, l'importance historique d'un Gide, se mesurent à la *passivité* des défenseurs de la morale courante devant la hardiesse de ses idées et l'obstination qu'il a mise, impunément, à les exposer, à les soutenir, à les répandre. Passivité imprévue, et qui

[1]. Exactement ce qui a eu lieu.

paraît trahir un manque d'assurance dans la réprobation traditionnelle. Passivité si surprenante, qu'on en viendrait à se demander si elle n'est pas la manifestation d'un phénomène contemporain, pro-provisoire ou non ? — mais qui semble être assez général : l'évanouissement progressif de certains « tabous », d'où résulterait déjà une plus grande tolérance vis-à-vis des libertés sexuelles.

Un petit fait significatif à cet égard :

Sous les auspices *officiels* de l'Académie royale de Suède, paraît annuellement un recueil en l'honneur des lauréats Nobel de l'année. Or, voici un extrait du volume publié pour 1947 :

« ... On a souvent reproché à Gide de dépraver et de désorienter la jeunesse ; la grande influence qu'on est bien forcé de lui reconnaître est considérée par beaucoup comme néfaste. C'est l'ancienne accusation que l'on porte contre tous les émancipateurs de l'esprit. Il n'y a pas lieu de protester : il suffit de considérer la valeur de ses vrais disciples... C'est sans doute par là, autant et plus encore que par son œuvre littéraire, qu'il a bien mérité l'insigne honneur que vient de lui accorder la Suède. » (*Les Prix Nobel en 1947*, p. 90.)

★

Mai, 1949.

> *Seuls les hommes tout à fait simples ou tout à fait grands sont sûrs d'avoir leur mort bien à eux. Les autres meurent par imitation.*
>
> Jean Guéhenno.

Clinique de Nice.

Il a quatre-vingts ans passés ; le cœur affaibli est sans cesse près de flancher ; le foie est engorgé, il s'y forme peut-être un abcès ; l'urée empoisonne le sang. Il sait tout cela. Il sait que, d'une minute à l'autre, le cœur peut s'arrêter de battre, ou qu'une crise d'urémie peut l'emporter, en quelques jours, dans de dures souffrances. A peine s'il y pense ! Et avec une sorte de curiosité, comme à une aventure sans précédent : la dernière... Bien plus : cet insomnieux de naissance, depuis qu'il est alité, ne ferme plus l'œil. Comment supporte-t-il cette épreuve ? Quelles terreurs hantent l'insomnie de ce vieillard mortellement atteint ? Aucunes ! Il rit quand je m'en inquiète : — « Voilà bien une idée de vous !... Je m'occupe l'esprit comme je peux, j'attends, j'écoute les heures, je rêvasse, je me récite les poèmes que je sais encore par cœur... Je suis ainsi, je n'y ai nul mérite, cher : je crois bien n'avoir jamais éprouvé de la peur *pour ce qui pourrait m'arriver*[1]... » Dans l'interminable

---

[1]. On trouve déjà, à la date du 20 décembre 1924, dans le *Journal* :

« ... Je crois que c'est un certain *sens de la réalité* qui me manque. C'est un fait : je ne parviens plus à avoir peur... Pourtant, j'ai pu savoir ce que c'est que la peur : quand j'étais enfant, j'étais extrêmement froussard... »

solitude nocturne, non, ce n'est pas à sa fin qu'il songe : c'est à tel passage de l'*Énéide*, qu'il vient de relire pour la cinquième ou sixième fois, et où il croit, avec jubilation, avoir découvert, la veille, une secrète intention de Virgile, qui lui avait échappé jusque là ; ou bien, c'est au scénario qu'il aimerait tirer des *Caves du Vatican* ; ou bien, c'est à l'une des idées récentes qui l'habitent, qu'il se répète, qu'il caresse, et développe, et précise, pour pouvoir la noter sur son carnet si lui revient la force d'écrire...

Quand, le matin, j'accours dans sa chambre, anxieux de savoir si la fièvre a enfin cédé, et quels ont été les incidents de la nuit, il se refuse d'abord à tout interrogatoire : ce qu'il est pressé de me dire est beaucoup plus urgent à ses yeux ! Si j'insiste, si je veux consulter la feuille de température ou questionner l'infirmière, il se fâche, me fait signe d'approcher, m'attire tout près du lit pour ménager son essoufflement, et, d'une voix basse, entrecoupée, il résume pour moi ses méditations de la nuit :

— « Avez-vous jamais réfléchi à ceci, cher ? Les hommes, pendant des siècles, n'avaient guère douté de leur double nature... Ils savaient leur corps périssable, mais leur âme éternelle... Et, tout à coup, cette certitude leur échappe !... Tout à coup, voilà que l'humanité cesse de croire à cette immortalité spirituelle !... L'importance de ce fait ! N'est-ce pas une chose bouleversante, cher ? »

Un autre jour, c'est à la sottise du haut clergé qu'il en a. Il a parcouru, cette nuit, une anthologie des œuvres du Cardinal Midzenty. Je le trouve écœuré, indigné, révolté — et pugnace :

— « Le tragique procès de Prague m'avait atterré. Mais lisez les sermons, les lettres pastorales du pauvre cardinal ! C'est d'une platitude, d'une puérilité, d'une indigence de pensée, in-dé-pas-sables ! » Son visage fiévreux se crispe, le regard devient dur. Il halète, mais il tient à poursuivre : « Non, non ! Les Églises et la Foi ont vraiment fait trop de mal !... Je ne peux pas rester indifférent : jusqu'au bout je me refuserai à accepter ça !... Il faut détrôner les Églises ! Déjouer leurs ruses ! Arracher l'homme à leur envoûtement !... Vous êtes trop conciliant, cher ! La tolérance, c'est donner des armes à l'Adversaire ! Si l'on renonce à combattre, autant capituler tout de suite, autant s'avouer vaincu... Moi, je ne veux pas laisser faire ! Tant que j'aurai un souffle, ce sera pour crier : *Non* ! aux Églises ! »

Ce matin, après une mauvaise nuit, il se plaint, ce qui est rare. Il dénombre, en souriant, les infirmités, les misères, de son vieux corps malade qu'on crible de piqûres.

— « C'est à des moments comme ceux que vous traversez », dis-je, « qu'il serait merveilleusement consolant de se croire une âme immortelle... »

Il rit : — « Ma foi, non ! A cet égard,

ni la vieillesse, ni la maladie, ni le voisinage de la mort, n'ont d'effet sur moi... Je ne rêve à aucune survie... Au contraire : plus je vais, et plus l'hypothèse de l'au-delà m'est inacceptable... *Instinctivement*, et *intellectuellement* ! » Puis, après une pause : — « Je crois d'ailleurs, ce disant, me montrer beaucoup plus authentiquement *spiritualiste* que les croyants... C'est une idée que je rumine souvent et que j'aimerais pouvoir développer un peu, si le temps m'en est laissé... »

(Il me dit cela, avec une sorte d'allègre sérénité, juste le lendemain du jour où, à deux kilomètres d'ici, Maurice Maeterlinck, atteint d'une crise cardiaque, murmurait en expirant — du moins, c'est ce qu'affirme la presse locale : — « Vive l'immortalité ! »)

NOTES SUR ANDRÉ GIDE

★

Paris. Lundi, 19 Février 1951.

Il était exactement 22 heures 20.
Depuis hier, je n'ai plus vu se soulever ses paupières.

Tristesse recueillie, plutôt que douleur.
Le calme de cette fin est bienfaisant ; ce renoncement, ce consentement exemplaire aux lois naturelles, sont contagieux.
Il faut lui savoir un gré infini d'avoir su mourir aussi *bien*.

ACHEVÉ D'IMPRIMER SUR LES
PRESSES DE L'IMPRIMERIE
DARANTIERE A DIJON, LE
QUATORZE NOVEMBRE M. CM. LI

Numéro d'édition 2681
Dépôt légal 4ᵉ trimestre 1951

IMPRIMÉ EN FRANCE